人生は、しぶとく生きるが勝ち！

50歳からのチャンスを広げる「自分軸」

和田秀樹
精神科医

日東書院

はじめに

読者の皆様は、これまでいろいろな人生経験を積まれていることでしょう。

しかしながら、老いというのは、はじめて体験するもののはずです。

60代の人は、70代の高齢者をイメージできるかもしれませんが、経験したことなしに、勝手にイメージしているだけかもしれません。

たとえば、75歳になったら免許は返納するのが当たり前だし、そのくらい弱るだろうと思う人は60代の人にも多いようですが、高齢者を多く診てきた私に言わせると、そういう人のほうが少数派でいまの75歳は十分に自動車を運転するくらいの元気と能力があるものです。

このように経験したことのない老いについて、勝手なイメージ——どんどん衰えていく、どんどん孤独になっていく、どんどん貧乏になっていくなどなど——

があるのに、その実態を伝えてくれる人が少ないので、私のような若輩者でも、高齢者をたくさん診てきた人の本が売れるのでしょう。

実際、高齢になるとこれまで信じてきた常識が通じなくなることが多くあります。

そして、それに上手に適応しないと、高齢期を幸せに生きられないというのが私の実感です。

そこで、今回、私なりに、高齢になったらこんなふうに常識を変えたほうがいいことをあれこれと提言することにしました。

なかなか受け入れられないこともあるでしょうが、少しでもこれからのヒントになるようでしたら著者として幸甚この上ありません。

少しでも気楽で楽しい高齢期を送ってもらいたいというのが、私の真意です。

和田秀樹

もくじ

第2章 お金の呪縛にとらわれない

第3章 他者との距離感を見直す

第4章 医療との適度な距離感を保つ

第5章 テクノロジーと上手に付き合う

第6章 過去の自分にとらわれない

第7章

「こうあるべき」から解放されるための知恵

序

定年も老後も存在しない
人生100年時代は自分軸で生きていこう

私たちは今、かつてない長寿社会を迎えています。平均寿命が延び、人生100年時代とも呼ばれるようになりました。しかし、ただただ長生きするだけでは楽しくありません。大切なのは、「これからいかに自分らしく、充実した人生を送れるか」ということになるでしょう。

人は誰しも、安定を求める生き物です。若い頃は、家族や社会に支えられ、時には人やお金にとらわれながら生きていくことが当然のように思えたかもしれません。親の庇護のもと、学校に通い、就職し、家庭を持つ。そうした人生の段階では、周囲との調和を保ちながら、社会の一員としての役割を果たすことが求められます。

しかし、**子育てを終え、仕事を引退したあとの人生は、これまでとは違う生き方が選べるようになります。その際に、これまでの人の意向を気にしてきた存在から自由になり、自分の人生の主導権を握る。真の自分軸になることが、後半生を豊かに生きるための鍵となります。まずは、それまでの仕事や家庭、友人などの枠組みから自由になりましょう。そして自分の人生を自分の意思で選択していきましょう。**人生100年時代になった今、50代の人たちは、新しい生き方にチャレンジする絶好の機会を迎えようとしているのです。

これまでの日本では高齢者にとって選択肢は多く用意されていませんでした。会社で定年を迎えたら、「あとはどのように死を迎えるか」くらいにしか残りの人生は捉えられていなかったと言っても言いすぎではないでしょう。60歳を過ぎれば老後と言われ、選択肢も何かをするための時間もなかったのです。

ところが平均寿命が延び、人生100年時代が到来しようとしています。50代は人生をマラソンにたとえればまだ折り返し地点をすぎたくらいでしょう。そう聞くと、「まだ半分も残っているのか……」と絶望してしまう人もいるかもしれません。ですが、みなさんは非常に恵まれています。なぜならば、**社会全体の高齢化に伴い、高齢者でも自分の意思で人生を選択できるインフラが整い始めているからです。**

みなさんの周りにも健康を維持して、自分の趣味を楽しんだり、起業したりして生き生きとまいにちを暮らしている高齢者がいるはずです。**みなさんは今の元気な高齢者たちの生き方をヒントに、自分ならではの「何事にもとらわれない生き方」を選べばいいのです。**

大切なのは、これまで気を遣ってきたものから自由になること。それは決して孤独になることではありません。むしろ、自分らしさを取り戻し、人生の可能性を広げるチャンスなのです。

本書では、「自分軸で生きる生き方」のヒントを示していきます。「仕事」、「お金」、「他者」、「医療」、「テクノロジー」、そして「過去の自分」などへのこだわりから自由になり、自分らしい人生を楽しむための知恵を共有できればと思います。

そういうこだわりのために人間を視野狭窄にして、そればかりを気にしてしまう状態を、日本発祥の心の治療法である森田療法では「とらわれ」と言います。

たとえば、みなさんを強く縛っているモノにお金があります。これからは「お金さえあれば安心」という考え方からも自由になる必要があります。確かに、経済的な基盤は老後の生活を支える土台になります。年金や貯蓄、不動産など、ある程度の資産を持っていれば将来への不安は減るでしょう。

日本の高齢者の平均的な金融資産は2500万円を超えると言われています。これは世界的に見ても高い水準です。しかし、その一方で、「老後資金が不安」と感じている人の割合は6割近くに上ります。

ただ、お金のことばかり考えるのも、「とらわれ」のひとつと言えるのではないでしょうか。「老後に2000万円必要」などと言われ、ただひたすらお金を貯めることに汲々とする。そんな生き方は、果たして幸せなのでしょうか。

生きがいとか、自分の幸せを選択する際に、自分のお金を守ろうとするより、幸せのほうを選ぶ、楽しみを得ることを選ぶ、自分が満足できるほうを選ぶという自分軸の選択は、これからの人生で欠かせなくなると思います。

また、超高齢社会を生きるうえでは「医療との上手な付き合い方」も欠かせません。

健康寿命を延ばし、自分らしい生活を送るためには、医学の力を借りることが必要なこともあります。

厚生労働省の調査では、65歳以上の高齢者の約7割が、なんらかの持病を抱えているそうです。定期的な通院や服薬は、多くの高齢者にとって日常的な風景と言えるでしょう。

定期的な健診を受け、持病の管理を怠らず、体調の変化には素早く対応する。

そうした予防的な姿勢は、いつまでも若々しくいるために重要と信じられていま す。

しかし、「病院や薬を信じ切って、それに振り回される」のは賢明とは言えません。むしろ、過剰な医療は、時に健康を損ねるリスクもはらんでいます。検査漬けや投薬治療によるダメージは、高齢者の心身を蝕むことにもなりかねないのです。

東京都健康長寿医療センターの調査では、75歳以上の高齢者の4人に1人が、1日6種類以上の薬を服用しているそうです。多剤併用による副作用は、薬の飲み合わせ次第で、思わぬ事態を招きかねません。かなりの確率で有害事象が生じ、5種類以上の薬を服用すると4割の人が転倒するという報告もあります（4種類なら2割）。

大切なのは、**「自分の体は自分で守る」**という意識を持つことです。**医者に丸投げするのではなく、治療方針を自ら選択する。そんな医療との賢い付き合い方を知ることで、医療に依存しないで病気とうまく付き合っていく自由な生き方を手に入れられる**はずです。

そして、過剰な医療でなくても、医療は人々の生活や考え方に制約を与えるものですが、**長生き**（これも個人差もありますし、本当に長生きできるという大規模調査のデータは日本にはないのですが）**と自分の生活の質（ＱＯＬ）、どちらを優先させるのかという自己選択も大切**です。いくら長生きできても、残りの人生でずっと食べたいものが食べられなかったり、薬のせいで身体がだるかったりするのであれば、それでいいのかは自分で決めないといけません。

お金や医療以外でも家族や仕事など私たちは多くのものに知らず知らずのうちに縛られたり、とらわれたりして生きがちです。こうしたとらわれから抜け出すには、「自分の人生は自分で決める」という自分軸になる意識が欠かせません。**周囲に流されるのではなく、自分の価値観を大切にする。時に「ズレている」と思われても、自分らしさを貫く。そんな強さを持つことが、とても大切**なのです。

もちろん、それは決して楽な道のりではありません。これまでの常識を捨てる必要もあります。なぜなら、**会社にも家族にもお金にも縛られる（本人はしばられていると自覚していないことが多いのですが）生き方は意外に楽だったから**です。それらから離れ、新しい生き方をするなんて想像が付かないかもしれません。しかし50代となって、人生の折り返し地点に立つということは、**自分の人生を自分で決められるチャンス**と考えたらどうでしょうか。**やり方が分かれば、老後の不安や迷い、悩みが消えて、見えてくる景色が１８０度変わる**はずです。自分の人生に自分で決断を下し、行動することで、かえって自由を手に入れられるのです。

「人はひとりでは生きていけません」。しかし、かといって依存するものに縛られるのは生き方を苦しめるだけです。大切なのは、制度や道具もふくめて、**なにかに上手に依存しながら、自分が生きたいように生きるということ**です。それが、後半生を充実させる鍵になります。

自分の人生をどう生きるか。どんな喜びを感じ、何を大切にするか。そうした根本的な問いに、自ら向き合う姿勢が何より重要です。使えるものは可能な限り、使う。しかし、あくまでも自分で選択する姿勢を失わない。**とらわれから自由になったとき、人生はきっと新しい広がりを見せてくれる**はずです。

みなさんはラッキーなことにセカンドライフを豊かに生きるヒントを、**すでに**

団塊世代を迎えたシニアたちが示してくれています。老いの課題を乗り越えて、小さな幸せをいかに見つけるか。家族や友人と支え合いながらも、適度な距離を保つ心の余裕を持つ。何より、「自分らしく生きる」。そんな先人の知恵に導かれながら、とらわれの呪縛から解き放たれた人生を歩む準備をすすめてみましょう。

第 1 章

仕事にとらわれない

過去や常識に縛られずに、
今を大切に生きよう

定年という言葉は忘れよう

50代のみなさんにとって「定年退職後の人生」「シニアライフ」というのはまだあまり想像が付かないかもしれません。周りの先輩や上司の人たちの生き方をみて、「こうできればな」「自分ならこうでありたい」とぼんやり考えるくらいでしょう。

「雇用延長で今の会社で働く」
「それまでに資産を形成して悠々自適な生活を送る」
「アルバイトで稼いで趣味に打ち込みたい」
「あまり深く考えていない」

おそらく、5人いれば5通りの生き方があるでしょう。ただし、明らかなのは、多くの人にとって定年退職はかつてほど人生の大きな節目とはならないということ。みなさんがこれまで見てきた昔の上司の「定年後」の生き方はあまり参考にならないはずです。

では、現在のシニア世代の実情を少し見てみましょう。

少し前までは、定年退職は60歳でしたが、２０２１年４月より「高年齢者雇用安定法」の改正法が施行され、事業主に対して定年を70歳に延長するなどの「就業確保措置」が努力義務化されました。いわゆる「70歳就業法」が施行され、70歳までの定年の引き上げ、70歳までの継続雇用制度が導入されました。つまり、働く意思さえあれば70歳まで働くことができるような世の中になってきました。

また、総務省統計局では、毎年「敬老の日」（9月の第3月曜日）を迎えるにあたり、日本の65歳以上の高齢者像を統計の視点からとりまとめています。そのデータによりますと、２０２４年9月15日現在、65歳以上の高齢者は３６２５万人と過去最多になりました。総人口に占める割合は29・３％と、これも過去最高です。

高齢者人口が増えているわけですから働く人も増えていて、高齢者の就業者数も９１４万人と過去最多です。65歳以上の高齢者の就業率は25・２％で、高齢者の４人に

1人はなんらかの仕事に就いていることが分かります。

この内訳を年齢階級別に見ると、**65〜69歳の就業率は10年連続で伸び続けています。**2021年にははじめて50%を超えて2023年に52%となり、**65歳を過ぎてなお半数以上の人が働いている**ことが見てとれます。かつては60歳定年と言われていましたが、今では60歳で仕事を辞める人のほうが少数なのです。70〜74歳も5年連続で上昇し、34%と約3人に1人の就業率を示しています。

ですから、私は定年制が段階的に廃止されるのではと思っています。実際、年金制度も多くの人が働き続ける社会、「定年なき時代」を想定しています。かつては退職が老後の厚生年金の受給要件でしたが、1965年に在職老齢年金制度が導入されました。65歳以上の就業者（厚生年金の加入者）でも年金額の8割を受給できるようになりました。働く人にも一定額の年金を支給することになったのです。

さらに、1969年の制度改正では対象者が拡大され、65歳未満の低所得の就業者も給与に応じて年金額の8〜2割を受給できるようになりました。その後も改正が繰り返され、

今は働いていても厚生年金と合わせた収入が月額50万円を超えなければ年金を満額もらえるようになっています。この基準となる収入は23年度は48万円でしたが、24年度に2万円引き上げられたのです。

今後はさらに引き上げや撤廃も検討されています。つまり、働いても年金をカットされない仕組みづくりを国が後押ししているわけです。これはシニア世代になっても働き続ける制度を国が整えていることの裏返しでもあります。実際、少子化などで若い世代の働き手が減少しており、60歳もまだ貴重な働き手として社会は必要としています。**今や働くかどうかの岐路は70歳からで、60歳で働くのをやめるのは現実的ではなくなりました。健康であるならば、働き方を変えながらも何歳になっても働き続ける。これが当たり前の世の中が到来したのです。**

肩書はもう意味がない

みなさんの多くは会社の中で与えられた役割を全うすることに人生の多くを費やしているはずです。給料をもらっている以上、決められたことをする。それは会社員としては間違っていません。

ただ、会社の役割に忠実になるあまり、日本人の多くは会社と自分を同一視し、会社人間として生きる傾向が強いともいえます。そのため**定年世代になって（60歳以上）、再雇用など働き方が変わると、今まで自分を支えていた基盤を失い、喪失感を抱く人が少なくありません。**

これからの時代は会社のいいなりになって、会社の価値観に染まった生き方は通用しなくなります。ＡＩやロボットの発達により、今ある仕事の多くは自動化されていくことが予想されています。つまり、今のあなたの仕事がこれから5年、10年、15年と存在するかも分かりません。すでに工場などの現場だけでなく、医療や法律、金融など専門的な分野でもＡＩの活躍が始まっています。

こうした時代にあっては、**特定の会社や業界にしがみつくのではなく、より普遍的なスキルを身に付け、状況の変化に合わせて柔軟に働き方を変えていった者のほうが、結果としてよい方向に行きます。**

私は30代の後半から常勤の医師をやめ、フリーターのような生活を続けてきました。定年の心配もありませんが、肩書もない中でどう働くか。この時の決意が今の自分のベースとなっています。

誰もがそうした気持ちで働けばハッピーになれると思うのですが、これがなかなか簡単ではありません。私が医学界の重鎮のパーティでよく見たのは、60歳近くになっても、肩書の呪縛から逃れられない大学関係者たちです。

大学教授を退官しても、医者の免状はあるのですから、開業もできますし、週の半分も医者のバイトをすれば収入面に苦労することはありません。子どもが独り立ちしていれば十分生活でき、趣味の世界に生きることもできます。それでも大学を退官後も立派な肩書が欲しいので、それをくれそうな人にペコペコしているような人をたくさん見てきました。

もちろん、それもひとつの生き方ですが、根本的な問題の解決にはなりません。仮に別の大学の医学部で教授のポストを得たり、大きな病院の院長職を得られたりしても、70歳前後で、それも引退しないといけなくなります。人生100年時代とはいえ、70歳から新しいことを始めるのは厳しいです。

たとえば、医者の場合、50代で人生を考え直して、準備すれば60歳前後で自分の道を進み、開業できます。そこから人気のクリニックも目指せますが、70歳過ぎだと、いくら元大学教授でも難しいでしょう。新たなビジネスや私のような文筆など別の世界でデビューするならなおのこと難しくなるはずです。

私も長年、老年精神医学に取り組んできましたが、定年前の社会的地位の高い人に限って、引退後の適応が難しい傾向にあります。第二の人生を見出すのが困難な人が多いですし、うつのようになる人も少なくありません。

ですから、**50代のうちから、会社の看板がなくても何ができるかを考えてみてください。**

「忙しいから」といって何もしなければあっというまに60歳を迎えます。一日も早く、これまでのキャリアや肩書に固執するのではなく、ゼロベースで自分に何ができるのか、何をしたいのかを考え直すことが大切です。

会社の枠組みから自由になること、肩書へのとらわれから脱出することで、新しい可能性が開けるはずです。50代の今ならば人生の大きな方向転換も可能です。

老後シミュレーションは早いほど価値が高まる

ここまで読んで「私は肩書などにとらわれていないから大丈夫」と思っている人もいるでしょう。いえいえ、**日本人の多くは会社や社会的地位に自分が思っている以上にとらわれています。**

たとえば、みなさんは仕事と関係ない場で自己紹介をするときにどのように自分を語りますか？　勤めている会社や役職を話すのではないでしょうか。具体的な社名や役職を出さなくても、業界や会社での職種について触れる人は多いはずです。**無意識のうちに会社に依存しているわけです。**ここを見誤ると定年後の人生も「こんなはずではなかった」と後悔しかねません。

ということを、みなさんの先輩の一人としてはっきり申し上げておきます。

もし自分が「仕事になんかとらわれていない！」「とらわれているのかどうかよく分か

らない」というのであれば、試しに今のうちに一度老後を実際にシミュレーションしてみることです。

みなさん、有給休暇は消化していますか？ 「あまり消化していないな」という人は、すでに仕事にとらわれている確率がかなり高いです。たとえば有給休暇をまとめて1週間以上、できれば1カ月くらい取ってみましょう。ここで重要なのは、予定をいれないことです。まとまった休みなので温泉に行ったり、海外旅行に行ったり楽しい計画を立てたいところですが、あえて何もしないという状態を作ります。

ただ仕事をしないだけ、という日常に身を置いてみましょう。可能であれば仕事関係の連絡も絶ちます。少なくとも自分から会社の同僚などに連絡するのは止めましょう。仕事以外で自分が誰とつながっているかが明確になるはずです。3日くらいは仕事がない日常が新鮮でも、1週間、10日もすると暇でどうしようもなくなり、周囲、さらには社会から取り残されたような気持ちになってくる人が多いでしょう。

反対に、趣味に没頭できたり、有り余る時間がまったく苦にならなかったりした人は、すでにライフスタイルは仕事にとらわれていない人と言えるかもしれません。

この老後シミュレーションはいろいろな気づきを与えてくれるはずです。働いていると、なかなか向き合えない自分自身を見つめ直すことはこれからの人生の指針になるはずです。「家にいるよりは働いているほうがいいな」と感じれば、60歳でリタイアするのは賢明ではないかもしれません。どのように働くかについて思いを巡らすきっかけになるはずです。反対に「会社に行かなくてもまったく暇をしないし、楽しい。思う存分に時間を好きに使って、趣味を究めたい」と考えたらば、ほどほど働いて趣味に没頭する人生を選択するのもありでしょう。

また、**「自分は仕事人間ではない。プライベートも充実している」と思っていても、そのプライベートが会社の人間関係に依存している人も少なくないはずです。**カラオケや麻雀、ゴルフが趣味でも、メンツはみんな会社の同僚や取引先というのはよくある話です。

これを機に、老後を見据えて、新しい交流を始めるのもよい選択です。

先日、ある80代の男性とお話しする機会がありました。その方は定年後、週3日ほどタクシーの運転手として働いているそうです。

「ぼちぼち働くのが性に合っているんだよ」と、とても嬉しそうに話してくれました。「家にいるよりも、外に出て人と接することで、気持ちが若々しくいられる。おカネは二の次さ」と。こんな軽やかな生き方も素敵です。

何歳からでも人生は修正可能です。ただ、早ければ早いほうがいいでしょう。50代になれば社会のしくみも理解していますし、自分の性格や向き不向きも把握しているはずです。体力もまだあります。第二の人生の針路を定めるには最適な年代です。

これまでの仕事に軸足を奪われるな

みなさんがこれからの人生を考えるとき、定年制度がまだあれば、定年まで今の会社で働き続け、定年以降も再雇用制度を使って同じ会社で働くのもひとつの選択肢です。無理して仕事を辞める必要はありません。ただ、同時に今の会社で働くことに縛られる必要もありません。あるいはこれまでの仕事の延長線上で考えるのではなく、今までとまったく違う仕事に挑戦する手もあります。**いきなり未経験の分野に飛び込むのは勇気のいることですが、そこには大きな学びと成長のチャンスが待っています。**さきほど70歳で引退を迎えた大学教授の話を出しましたが、70歳から新しいことを始めるのは、私の経験で知る限り簡単ではありません。

とすると、**定年が見えてきた60代は新しいことを始める人生最後の好機といえます。そのためにはどのような50代を過ごすかが重要になるでしょう。50年以上、時代の荒波にもまれながら生きてきたからこそ、できる仕事というのがいまの世に中にはたくさんあります。**

ＡＩやロボットには真似のできない仕事、たとえば対人サービスや芸術の分野などでは、今のところ、むしろ人間ならではの感性が求められます。いままでのキャリアとは関係なく、コミュニケーション能力や想像力を武器に新しい分野で活躍することも可能です。

実際、定年後に看護や介護の資格を取得して、医療・福祉の現場で働き始める人が増えています。今までのキャリアを活かしつつ、直接人の役に立てるやりがいを感じているようです。

また、定年を機に、外国語を学び、世界を舞台に活動する人もいます。グローバル化の時代にあって、シニア層の知見は海外でも歓迎されているのです。

肩書にとらわれず、新しいことにチャレンジするには勇気が必要ですが、失敗を恐れず、前向きに一歩を踏み出すことが大切なのです。もし、失敗しても60代でしたら再挑戦も可能です。

また、自分の趣味や特技を活かせる仕事を選ぶのも一案です。

たとえば、写真が趣味だった人が定年後にカメラマンとして活躍したり、料理が得意だった人が料理教室の講師として独立したりするケースがあります。

子育てが終わっていたり、ローンの支払いがなくなったりしていたら、収入が少なくともそのような仕事を選べます。

趣味や特技を仕事にすることで、仕事とプライベートの区別が付かなくなるほどに没頭できるはずです。好きなことを仕事にできれば、働くこと自体が楽しくてたまらないでしょう。

また、趣味の延長で始めた仕事は、それまで培ったネットワークを活かすこともできます。長年の趣味仲間に支えられ、口コミで仕事が広がっていくこともあるでしょう。**肩書の力ではなく、人として積み重ねてきた信頼が仕事につながるのです。**

「打ち込んだ趣味も特技もないですし……」という人もいるかもしれませんが、憧れていた仕事のひとつやふたつはあるはずです。

昔から本が好きだったら書店に勤めてもいいですし、出版社に電話してみて「何でもやるので何かできる仕事はないか」と聞いてみてもいいでしょう。お酒が好きな人だったら、バーテンダーになるのも面白いかもしれません。

若い頃であれば、「結婚したら家族を養うために、しっかりした仕事につかなければならない」などと給与面を気にして仕事を選んでいた人も多いでしょうが、60代になったら年金ももらえます。

また、慢性的な人手不足が起きる業界はこれからしばらくの間は増える一方です。給与はさほど高くはないかもしれませんが、**子どもの教育費などの出費が少ないシニアであれば、一般的には「割が合わない」と思われている仕事でも「健康を長続きさせる秘訣」だと割り切って、かつて憧れていた業界に飛び込んでもいい**と思います。

特に今、50代のみなさんはスマホやパソコンも最低限、使いこなせる世代ですので、基本的にはどんな仕事を選んでも、対応はできるはずです。今のうちから、ぜひ自分が「昔からやってみたかった」「面白そうだからやってみたい」と思える仕事を探し、準備を進めましょう。

自分の情熱を注げる仕事を見つけることができれば、60代以降の人生も充実したものになるはずです。会社の枠組みから解放され、思い切ってチャレンジすることをおすすめします。

仕事はわがままに選べる時代に

おそらく、みなさんの中には「好きな仕事をしろと言われてもそんな求人あるかな」と不安を感じる人もいるでしょう。心配いりません。今の50代は非常に恵まれています。

確かにあと10年、20年もすればロボットが普及して、「仕事をしたくても仕事ができない状況」が生まれるかもしれません。ただ、**ロボットが普及するまでは、少子高齢化の日本では人手不足が続きます。**

人手不足は悪い状態のように考えるかもしれません。確かに企業にしてみれば自社の労働力が不足しますから頭が痛い問題です。一方、働く人にはプラスの側面が大きいのです。どこもかしこも人がいなければ人材の取り合いになります。今の大学生の新卒採用が分かりやすい例です。インフレの影響があるとはいえ、どこの会社も人材確保に躍起なため「大卒初任給30万円」と聞いても多くの人が驚かなくなっています。

「外国人が安い給料でも働くのでは……」という声もあるかもしれません。それも無駄な心配で終わる可能性が高いでしょう。日本はバブル崩壊後の「失われた30年」で先進国の中では最も給料が安い国になってしまいました。円安で外国からみるともっと安くなっています。将来的に移民を受け入れるべきかなどの議論もありますが、給料が安ければ移民はこないでしょう。**結果的に、人手不足が続き、働く人の給料は上がるはずです。売り手市場が続きます。ですから、今の50代の人は仕事の心配はしばらくいりません。**

もちろん、好きな仕事をして、高い給料が欲しいとなれば別ですが、給料が安くても好きな仕事をすることは決して難しいことではない状況が訪れる可能性が高いでしょう。

同時に、**もし貯金がなくてお金が必要な人も悲観することはありません。こだわりを捨て、職種を選ばなければ仕事は必ずあるからです。**その中で自分に合う、割のよい仕事を選べばいいのです。年金が入るまでのつなぎとして、あるいは年金にプラスする生活資金としてなら十分な収入になるはずです。

マルチキャリアを今からなら目指せる

好きな仕事、ストレスのない働き方としては、**複数の仕事を組み合わせるマルチキャリ**

アも選択肢のひとつです。たとえば、週に3日は事務職、2日はガイドとして観光客を案内する、といった具合です。

ひとつの仕事に縛られず、複数の仕事を持つことで、リスクを分散し、幅広いスキルを身に付けることができます。それぞれの仕事で得た経験が相乗効果を生み、より大きな成果につながることも期待できるでしょう。何よりもいくつかの仕事を持つことで精神的にも安定するはずです。

複数の業界、分野で人脈を築くことで、新しいビジネスチャンスに出会える可能性も高まります。自分の強みを活かしつつ、幅広い視野を持って柔軟に活動することが、これからの時代に求められる生き方といえるかもしれません。

マルチキャリアを成功させるには、しっかりとした時間管理と体力も必要です。自分のペースを大切にしつつ、計画的に動くことが求められるでしょう。

起業という選択肢は50代で

選択肢として、**起業を視野に入れている人も多いはずです。**今やシニア層の起業は珍しくなくなり、豊富な経験と人脈を武器に成功する人が増えています。**50代から自分の軸足をしっかりさせて準備すれば、成功確率も高まるというのはいわずもがなです。**

会社で培ったスキルを活かし、コンサルタントとして独立する人、趣味だった手作り品の制作を本格的に始め、ネット販売で成功する人、シニアをターゲットにしたサービスを立ち上げ、ニーズを掘り起こす人……。起業の形は人それぞれです。

「起業なんて難しそう」と思われるかもしれませんが、自分と同じ年代にターゲットを絞ったアイデアやサービスは今後の超高齢社会では大きく需要があります。案外、「こんなサービスがあったらいいな」「こんなものが欲しいな」と思っても、それをビジネスとして実現できている人は非常に少ないのが現状なのです。

典型的なのがテレビで、番組のほとんどが若者向けです。この超高齢社会の時代に70代以上は対象外になっています。若者がテレビを見ず、高齢者ばかりが見ているのに高齢者はマーケティングの蚊帳の外なのです。

実際、私が高齢者向けにどれだけ売れる本を書こうとも「企画に協力してください」と声をかけてくるテレビ局やラジオ局の関係者はまったくいません。テレビやラジオのスポンサーは健康食品の会社など明らかに高齢者をターゲットにしているのに、彼らがその番組をどれだけ視聴しているか、聴いているかのデータはないのです。

高齢者向けのテレビやパソコン、車、スマホのアプリなどが開発されている気配もありません。個人金融資産の6割を高齢者が持っているのに、日本の経営者たちは高齢者を消費者とみなしていないのです。**高齢者向けのビジネスが広がらないのは、高齢者がケチな**

のではなく高齢者が欲しがる商品やサービスが少ないからなのです。

今、世の中にあるシニア向けの商品は、たいていがその世代よりも若い人が考えています。だからこそ、**60代以降が本当に欲しがっているのに、世の中にはまだ流通していないものがたくさんあります。埋もれているビジネスチャンスを、50代のみなさんが狙ってみてもいいのではないでしょうか。**

アイデアやビジネスモデルは、必ずしもゼロから探す必要はありません。ときには、自分が「よい」と思ったものを世間に広めるだけでもいいのです。**「自分があったらいいな」と思うものは、世の中の人にとっても需要がある可能性は極めて高いものです。高齢者向けビジネスは特に自分が高齢者に近づくにつれ、自分の需要が市場の需要になります。**

起業にはリスクがつきものですが、50代以降は子育ても一段落します。ある程度のリスクを取ることができるタイミングといえます。小さく始めて徐々に規模を拡大していく、身の丈に合った起業ならばハードルは高くありません。

シニアだからこそできるビジネス、シニアにしか作れない価値があるはずです。頭の体操も兼ねて、50代のうちから周囲の同世代に「最近、歳を重ねて困り始めたこと」などをヒアリングするのもいいかもしれません。「これをやったら流行るかも！」「実用化したら人気が出そうだ」というヒントが見つかるかもしれません。

最後は誰もがニートになる覚悟を持つ

50代までの頑張りで運よく60歳以降にそれなりのポストを得られる可能性はあります。うまく昇進できて会社に残れた、外部の会社から声がかかったなど今までの仕事の延長線上の立場で働けることは悪いことではありません。

ただ、それは有限であることを忘れてはいけません。自営業でなければ、ある年齢がく

れば、その地位を去らないといけません。一昔前ならば、70歳くらいまでそのポストにとどまって、引退すれば楽しい余生を過ごせましたが、今の時代は、その後の人生が長すぎます。

厚生労働省の「簡易生命表（令和5年）」によると、現在60歳の方の平均余命は、男性は約24年、女性は約29年です。70歳まで、運よく肩書を得られたとしても、男性で約14年、女性は約19年、残りの人生が待っています。

私の人生体験から言わせてもらうと、**肩書にとらわれない生き方の準備やスタートは早いに越したことはありません。**ですから、50代で問題意識を持って本書を読んでいる人はラッキーと言えるでしょう。

20代のフリーターを見て、「いつになったら定職につくのだ」と批判する人はたくさんいますが、フリーターは一概に否定できません。人間、誰もが最終的にはフリーターやニートに戻るからです。

人生をしぶとく生きる術を身に付けている人のほうが老後に適応しやすいといえます。若い時期から肩書に頼らず影響力を持つという生き方を目指したほうが晩年まで旺盛に活動できます。

定年後に起業する人のためのコンサルタントと対談したことがあります。**成功するのは、みんな40～50代に準備した人**だそうです。60歳以降に始めると前頭葉の老化のためにいいアイデアが浮かびにくいし、定年前から準備をしておくと人脈が作りやすいのです。

私は現役時代に少しでも高い社会的肩書を得ようと頑張る姿勢を否定しているわけではありません。誰かがそのような形で頑張らないと社会が成り立たないのも事実です。

ただ、これからはＡＩや人間以上の能力を有するロボットの時代が本格到来します。誰もが出世や肩書を得るためにあくせく苦闘する必要性は薄れます。それよりも、**いつかは肩書を外さないといけないという覚悟を持って長い人生で何ができるかを考える。その準備が50代こそ必要です。**

第 2 章

お金の呪縛にとらわれない

お金やモノよりも大切なのは
思い出である

貯金はいらない

「自分軸になる生き方」を阻む大きな壁のひとつが、お金の呪縛です。「老後に2000万円なければ生きていけない」「いや、インフレリスクを考えたら2000万円では足りない。4000万円必要だ」といった議論がテレビのワイドショーなどでも尽きません。こうした不安を煽られれば誰でも呪縛にとらわれてしまい慎重になります。お金を貯め込み、使うことを躊躇してしまう人は多いはずです。

しかし、私は老年医学を長い間やっていて気がついたことがあります。**歳を取るほど、人間は意外とお金を使わない、いや、使えないのです。**

人間は歳を重ねれば、ヨボヨボになったり、寝たきりになったり、あるいは認知症がひどくなったりします。その頃には、家のローンも払い終わって、子どもも独立して、教育費もかからなくなっているので、経済的に余裕ができているはずです。

ところが、認知症が進んだり寝たきりになったりしたら、旅行に行ったり高級レストランで食事をしたりする機会は、まずありません。年金が支払われている人であれば、十分にそれで生活できます。病気になって入院することになっても国の保険制度を使えば支出はさほどかかりません。

要介護状態や認知症になって特別養護老人ホームに入るのも、個室に入っても介護保険があるので、通常、年金の範囲で賄えます。

その時はじめて、「一生懸命に節約して頑張って貯金なんかしなくてよかったな、損したな」という気分になるはずです。使おうと思っても使えないのです。つまり、老後の蓄えなどみなさんが心配するほど必要ないのです。

以前、経済ジャーナリストの荻原博子さんと対談したのですが、荻原さんは、「実際に**介護を経験した人がかかった費用は、1人で平均約600万円。夫婦2人で1200万円。医療は高額療養費制度があるからそれほどかからない。200万もあれば大丈夫。**とすると2人あわせて1400万円、そこに**お墓代100万円を足したとしても**

1500万円。それぐらい貯めて後は全部使ったっていい」とおっしゃっていました。「老後が心配」という方は、この数字をひとつの目安にしてみてはどうでしょうか。

もちろん、1500万円も手元にないという人もいるでしょうが、いよいよ寝たきりになれば広い家などいりません。設備はゴージャスでなくても介護のいい有料老人ホームなら、家を売ればおつりがくるくらいで入居できます。家を売るなりリバースモーゲージなどを使えば貯金はそれ以下でもいいことになります。そもそも、50代のみなさんが70代、80代になるころは有料老人ホームも供給過剰の状態になっているはずです。団塊世代やポスト団塊世代向けに作られた施設が有り余っているのは明白です。介護職員の人手不足は、みなさんの時代にはロボットが補っているでしょうから、今よりも安い費用で入居できるはずです。

将来を不安に思ってお金を貯め込んでも、一番楽しめるタイミングにお金を使わなければもったいないとしか言いようがありません。体が動かなくなってから、「あれに使えばよかった」「こんなことをしてみたかった」と思っても遅いのです。**将来を不安視するよりも、今、使おうと思えば楽しく使えることを考えるべきでしょう。50代のみなさんは守りに入らずに今を楽しむためにお金を使っていくことを考えてもいい**でしょう。

モノより思い出に価値がある

日本人は昔から、稼いだお金は使うよりも貯蓄に回すことを美徳としてきました。将来への備えを重視し、目先の欲望は我慢する。倹約と節約の精神は、日本人の生活様式に深く根付いています。

確かに、将来への備えは大切ですが、ケチケチして貯める必要はありません。**人生100年時代を見据えたとき、大切なのは「心の豊かさ」を追求すること**です。

資産を増やし、経済的な安定を得ることは大切ですが、肝心なのは、そのお金をどう使

うか。**今を充実して生きるために、お金を使うべきでしょう。**

多くの高齢者が口をそろえますが、認知症にならなかった場合（なっても古い記憶は結構覚えているものですが）、**人間にとって亡くなるときの最大の財産は思い出**です。**美味しいものを食べ、旅行に出かけ、やりたいことに思い切ってチャレンジしてみる。そうした経験に投資することで、人生はずっと豊かになります。お金で買えない喜びや感動、そして思い出。それこそが、私たちの心を満たしてくれる大切な財産です。そしてそれは「お金にとらわれない生き方」でかないます。**

人生の最終段階にある人からよく聞くのは、「死ぬまでに、楽しい思い出をもっと残しておきたかった」という声です。「お金をもっと残せばよかった」という声はまずありません。後悔しないためにも、ためらわずにお金を使う勇気を持ちたいものです。

おそらく、50代のみなさんの中には「今は一生懸命働いて、貯めて70歳を過ぎたら好きに使おう」のようにプランを練っている人もいるはずです。ただ、一般論では70歳を過ぎても50代のような健康状態でいられることのほうが珍しいのが現実です。特に男性は、年齢を重ねれば、体力はなくなり外出にもおっくうになりがちです。

「人生は短い」と誰しも口にする一方で、私たちは「あと何年生きるんだろうか」と漠然と考え、つい先のことを優先してしまいます。

でも本当は、**誰にも明日のことなんて分かりません。**だったら思い切って、**今を生きる。**

体が動けるうちに、行きたい場所に行く。会いたい人に会いに行く。やりたいことを、全力で楽しむ。財産は残さず、元気なうちに使い切る。50代から「今を生きる」姿勢があれば、お金なんて、ほんの些細なことのように思えてくるはずです。

インフレは心配しなくていい

お金の心配はないと言われても不安になるのが人間です。「物価が上がるのでは」「急激に円安が進んで輸入品がとんでもなく高くなったら生きていけない」。残された人生が長いからこそ、50代のみなさんの中にはそうした心配を抱く人が少なくないかもしれません。

日本は円安が進んで、食品の材料や食料品などの輸入品は値上がりするかもしれませんが、トータルで見れば物価は上がらないのではと私は考えています。日本は給料が極端には上がらない国ですので、材料費が値上がりしても、企業やお店が上昇分をそのまま価格転嫁するのが難しいからです。給料は増えていないのに、商品を値上げしても売れません。こうしたデフレの経済構造はそう簡単には変わりません。

もちろん、こうした経済要因は分からないことが多いので断定はできません。給与水準が上がれば物価高はおきます。ただ、日本の経営者はケチばかりですし、労働組合がまともに機能せずにストもせずに政権にすりよっているのですから、給与水準が上がることもまずないでしょう。

奇跡的に物価高が起こっても、物価高をもたらす多くの問題はテクノロジーが解決するでしょう。

たとえば、今は3Dプリンターを使えば住宅ですら作れる時代になりました。近い将来に、つくろうと思えばほとんどのものがつくれるようになるでしょう。当然、百均で売っているような商品は今よりも安くなるはずです。

飲食店や物流業の人手不足もロボットや自動運転車が解消するはずです。こうした業態では人件費が最終的なサービスの価格に大きく影響します。すでにファミレスでは配膳ロボットが導入されているのはみなさんもご存じのはずです。これは居酒屋など多くの飲食店に広まるでしょう。居酒屋で注文したくて呼んでも誰も来ないなんて事態はなくなり、人の代わりにロボットが対応することで、従来と値段は変わらない未来が訪れる可能性が高いでしょう。

タクシーも人手不足で利用したくても利用できなくなるのではとの指摘がありますが、Uberのようなライドシェアがどんどん解禁され、おまけに無人運転になれば、そこらへんにタクシーがあふれ、移動にもそんなにお金はかからないはずです。

食品も値上がりする要素はありますが、みなさんが支払う額は大きく変わらないかもしれません。50代の方はまだ実感がないかもしれませんが、60代になると、そして高齢になればなるほど食べる量は減る傾向にあります。買い物では小ロットを求めがちになります。最近は若い人でも単身世帯が増えているのでスーパーでも一人用の鍋の具材セットなどが売られていますが、あのような小分けの商品が増えるでしょう。

たとえば、これまで100グラム単位で売っていたものを80グラム単位でパッケージして従来と同じ値段で売るような形です。実質、25%の値上がりになりますが、表向きの値段は変わりません。企業やお店はそうした実質的な値上げに気が付かないように少しずつ値上げを進めるでしょうが、払う側にすれば使う金はそう増えません。

損したような気分になるかもしれませんが高齢になれば大ロットで買ったところでムダになるだけです。使わないで捨てれば環境にも悪いでしょう。大ロットで少し値引きされるよりは、同じ値段で必要な量を変えるほうがお得感は増します。

ですから、**テクノロジーの進化と人口構成の変化に伴ってのビジネスモデルの転換で、物価が今の2倍、3倍に上がることはないというのが私の見解です。**結果的に、物価高で貯金がパーになるシナリオは考えなくてよいです。

何歳まで働くかという問題はありますが、**健康で少しでも働いているようでしたら、年金もありますし、貯金しなきゃと不安に駆られる必要はありません。お金はなくても生き**

ていける時代が訪れつつあるのです。
10年後、20年後の世界は少子高齢化とテクノロジーの発達によって、シニア世代の生活はむしろ豊かになっていくかもしれません。

50代が生きる老後はお金がなくても楽しい

確かに、衣食住を満たし、安心して暮らすためには一定の収入は必要です。しかし、**みなさんがこれから生きる時代は贅沢しなければ豊かに暮らすことは十分可能です。しかも、健康であれば70歳以降も働くことができる時代になっています。**

また、世の中が進歩すれば、お金をかけずに衣食住を楽しめるようになります。

たとえば、私が小さいころ、牛肉は非常に高価な食べ物でした。1991年に貿易が自由化されるまで牛肉は輸入が制限されていたからです。量が少ないだけでなく、私が小さいころは為替が1ドル360円でしたし、1985年のプラザ合意までは1ドルが二百数十円の世界でした。輸入するとなればそれなりの額を支払わないと手に入りません。今のような安い輸入肉はありませんでした。

当時は焼肉に連れて行ってもらうのが楽しみでした。実際、非常に高価でしたが、おそらくその当時に食べた1万円くらいの焼肉と同じレベルのものが今では2000円の食べ放題で食べられます。これは貿易の自由化で競争が生まれて、よいものが安く手に入るようになった上、焼肉屋さんの仕込みなどの技術も時代を重ねることで飛躍的に向上しているからです。

同じように私の幼少期は寿司もそれなりのお金を出さないと食べられないご馳走でしたが、今では回転ずしに行けば2000円もあればおなかいっぱいに食べられます。これも技術の進歩が大きく関係しています。かつては職人がひとつひとつ握っていましたが、今では機械で寿司を作れるようになりました。大量仕入れでよいネタを安く買うビジネスモデルが広がりました。味のほうもこだわりがなければ十分に楽しめる水準まで高まっており、今後ますますそのレベルは上がるはずです。
もっと複雑な料理もロボットがこなせるようになっています。切ったり、ゆでたり、いためたりすべてロボットで完結します。ファミレスの料理は今よりも安く美味しくなる可能性もあります。

服もファストファッションで多くの人は困らないはずです。有名ブランドの服に比べて、ユニクロの服の機能性が悪いという声は聞きません。デザインも著しく変なものは少ないですし、シンプルでいいという声すら最近はあります。

自動車も同じで、ラグジュアリーな内装やハンドメイドかどうかなどにこだわらなければ外車ではなく国産のセダンで十分ですし、近場の移動用と割り切れば軽自動車でも性能面では不自由しないはずです。

最近は貧富の格差が日本でも話題になっています。確かに低所得者と高所得者の収入の差は開いているかもしれません。ただし、**収入が低かったり、金融資産を持っていなかったりしても、それなりのものを食べられる時代でもあります。世の中が豊かになって、テクノロジーが進化すればするほどお金持ちの人とそうでない人が味わう食べ物や着る服などの差は小さくなっていくでしょう。**そう考えるとお金に依存する必要はますますなくなっていきます。ＡＩが進歩すると一流のレストランの味とまったく変わらないくらいの食事が家で作れる可能性も十分あります。

もちろん、一流のフレンチ料理が食べたい、料亭で懐石料理を食べたいと考える人もいるはずです。スマートフォンも常に最新の機種を欲しい人もいるはずです。

そうした人はお金を出せばいいのです。一流のレストランや料亭で食べればファミレスで食べるよりも気分は高揚するはずです。ただ、値段の差ほど味に違いを感じない人も多いはずです。これもテクノロジーの進歩で高級なものとそっくりな味のものが作られつつあります。そしてその差は今後縮まっていくでしょう。気分や満足にお金を払う時代になるはずです。

同じように家電やスマートフォンなども最新の機種を欲しい人はお金を払えばいいのです。最新でなくてもインターネットを見たり、SNSを発信したりするのにはまったく問題ありません。これからお金がなくても楽しい日々を送れるインフラがますます整うと考えれば、お金に対する不安も和らぐはずです。

課題は消費できるようになること

私が高齢者に長年接してきて、思うのはお金を使って楽しんでいる人のほうが健康です。つまり、要介護になりにくい傾向にあります。旅行やグルメなどでなくても問題ありません。**人の目など気にせず、自分が使いたいことに使えばいいのです。**カラオケに行ったり、パチンコをしたり、好きなことにお金を使えばいいのです。それが脳の活性化にもつながり、認知症予防にもなります。

子どもの教育費や生活費をしっかり貯めてきた人たちは、消費よりも貯蓄や投資を優先することに慣れてしまっているかもしれません。そういう人たちは、子どもが自立した機会に、今度は上手に消費していくことを課題にしてみたらどうでしょうか。

50代のみなさんは今からお金を積極的に使えば、みなさんが高齢者になるころにはみなさんにとって住みやすい社会になっているはずです。お金を使うことが経済を循環させ、雇用を生み出す原動力にもなるからです。

みなさんの将来にとってもプラスになります。高齢者がケチだと高齢者を粗末にする社会になるし、派手にお金を使ってくれると、急に接客態度がよくなります。お金の使い方ひとつで、存在価値そのものが変わってしまうのです。それほどまでに、お金への意識は社会に影響を及ぼします。

「人生100年時代」では、お金との付き合い方を見直すことは避けて通れません。50代になると長い老後を見据えての消費行動で守りに入りがちですが、むしろ、**「生涯現役の**

「消費者」であることが人生を楽しく生きるコツです。

「貯蓄第一」の価値観から脱却し、自分の欲望に正直に生きることが豊かで満足度の高い人生への近道になります。

第 3 章

他者との距離感を見直す

孤立よりも自立。
「ほどよい孤独」で
自分らしさを取り戻そう

親子それぞれの自立を目指す

人はひとりでは生きていけません。「老後はひとりでひっそりと暮らしたい」などと考えずに、老後も誰かとの人付き合いを維持するほうが心身ともによいでしょう。老化予防になりますし、メンタル面にもよい影響が多いといえます。何歳になっても、なるべく人付き合いは絶たない意識を持ちましょう。

その際に注意しなければいけないのが「距離感」です。特にシニア期に入ると、体力や気力の衰えとともに、他者への依存が高まりがちです。周りにあまりに頼りすぎてしまうと、かえって自立した生き方が阻害されてしまいます。

「自分軸の生き方」を実践するには、「自立と共生のバランス」が欠かせません。自分でできることは自分でやり、頼るところは頼る。そのためには、まず「家族からの自立」が

重要になります。

もちろん、家族の支えは心強いものです。しかし、必要な時に支えてもらうのと、とらわれるのは違います。特に最近のシニアにとっては「子離れ」が大きな課題になっています。日本人は子どもとの距離の取り方がうまくないと言われてきました。高齢者を専門とする医者の立場からしても、少子化が進んでいる今、年々、子離れができなくなっている親が増えている印象もあります。50代のみなさんの中には子どもが就職したり、結婚したりする人も少なくないでしょう。逆に子どもがなかなか自立しないなど、親として悩ましい問題に直面している人もいるかもしれません。

子どもが気になるのは親としては当然でしょう。親としては「子どもが自立するまでは」と、つい過保護になりがちですが、それでは親子ともに成長できません。**子どもが結婚しなかったり、定職につかなかったりして、いつまでも生活の面倒を見ていたら、永遠に子どもが自立する機会は訪れません。**みなさんの周りにもそのような親子がいるはずです。巣立ちを見守り、自分の人生を歩む。親だって子だって、ひとりの人間として自立することが大切です。

老後にお金を使わず、子どもに少しでも財産を残そうとする人も少なくありませんがあまりおすすめできません。自分が稼いだ金は自分で使うべきでしょう。**子どもにはこれまで十分教育などで金をかけてきたのだから、財産まで残す必要はありません。**

私は精神科医なので、親の財産のための兄弟間の争いをかなり見てきました。財産がなければもめないものを財産があったがために余計な諍いが起きてしまうのです。それが裁判に発展すると、私のところに意見書を求めてくるケースを何件も経験しました。

私が、「死ぬまでに金を自分のために使いきろう」と思うようになったのはそうした争いをあまりにも見てしまったからと言っても過言ではありません。

「そうは言っても老後が不安だからお金を残しておかないと……」「子どもの面倒になるし……」といった人も多いでしょう。

ただ、私は経済的には子どもをあてにする必要はない時代が訪れていると思います。日本の社会的介護は、私の知る限り、世界的に見てもかなりよいものだからです。公的な特別養護老人ホーム（特養）もユニット型の個室化が進んでいますし、建物も介護サービスもかなり優れています。

地方に行けば、特養の不足もかなり解消されていますし、家を売れば入れる有料老人ホームは、業界内での競争の激しさからかなりレベルが上がっています。

つまり、**今は昔と違って、社会の力を借りれば、たとえ一人暮らしでも安心して老後を過ごせます。家族に頼らず、自立した生活を送ることができるのです。**むしろ、子どもに介護を期待するのは、ある意味わがままと言えるかもしれません。

老後は子どもに頼るのではなく、社会の力を上手に活用すれば不安なく過ごせます。そうした視点を持つことで過度に依存しない人間関係も保てるはずです。

パートナーとの関係を見直す

50代のみなさんにとって避けて通れない問題がパートナーとの関係でしょう。子どもが巣立って夫婦2人っきりになった後や夫（最近では妻も）の定年退職後の夫婦関係は大きく3つに分けられます。

まず、夫婦仲がよく、一緒にいて会話も弾むし、2人で食事をしていても、旅行に行っても楽しい。つまり、2人っきりになれて余計に幸せになるパターンです。

次にラブラブとまではいかなくても、特別にストレスを感じるわけではなく、これからのことを考えるとひとりでいるよりはましなので、一緒にいてもさほど苦痛に感じないパターンです。これも心配いりません。

危険なのは、夫婦がもともとそれほど相性はよくないので、定年退職や子離れで一気に

その不快感が表面化するパターンです。

正式な病名ではないですが「夫源病」という言葉があります。夫の言動が原因で妻がストレスを感じ、たまったストレスにより妻の心身に生じるさまざまな不定愁訴のことを指すとされています。

もともとは、医師の石蔵文信氏が、更年期外来での診察中に気が付き、自身の著書で発表して命名したといわれています。タレントの上沼恵美子さんが、自分が夫源病であることを告白し、有名になったので聞いたことがある人も多いでしょう。

夫源病のきっかけとなるのが夫の定年退職であることが多いとされています。退職するまでは、昼間は夫が働きに出ていて、顔を突き合わす時間がそれほど多くなかったのが、四六時中夫と一緒にいることで、ストレスが増幅していきます。

50代まではなんとかうまくいっていても、**60代以降になると性格の合う、合わないが非常に重要になります。一緒にいる時間は加齢とともに増えていきますので、合わない人同**

士はどう頑張っても一緒に暮らすのは無理になるはずです。

年金制度も熟年離婚を後押し

熟年離婚は確実に増えています。特に家事と子育てをしっかりやってきた女性は、夫の非協力的な態度に疲れ切って、虎視眈々と離婚後のプランを練っていることがあります。

一昔前でしたら、50代の女性ならば「離婚したいけど、離婚したら、厚生年金はどうなるのかな。働いてはいるけれど、わたしの年金だけだと老後が心細いな……」という人は少なくありませんでした。しかし、07年4月以降に離婚した場合、年金が夫婦間で分割できるようになりました。**「合意分割」と言って、婚姻期間中の厚生年金（保険料納付記録）を夫婦の話し合いにより、50％を上限に分割する仕組みです。**

具体的には共働きで会社員（ともに厚生年金加入）の夫の月収約50万円、妻の月収約30万円の場合、イメージとしての2分の1の年金分割は、（50万円＋30万円）×1／2＝40万円となる見込みです。夫婦とも月収40万円に改定したうえで厚生年金を計算します。

08年には**一方が専業主婦などの場合で、年金分割の請求をすれば、相手の合意がなくても2分の1を受け取れる「3号分割」の制度もできています。**

婚姻期間が長ければ長いほど分割分が増えるため、熟年世代にメリットがあります。年金分割の対象期間には夫婦の別居期間も含まれます。

この制度が導入されてから、老後の経済的基盤を夫が握れなくなったのは明白です。20年以上同居した夫婦が離婚する**「熟年離婚」を切り出すのはたいてい妻のほうだといわれています。**熟年離婚は確実に増えていて、1990年から2020年の30年間に約1・5倍に増えています。もちろん、専業主婦だった場合、分割された年金だけでは十分ではないかもしれませんが、今は働き手が足りない時代です。たとえば、介護職などの人手が必要とされている現代においては、中高年以降の仕事探しは女性のほうが有利な面もあり、離婚のしやすさにつながっているでしょう。

50代の男性のみなさんは**パートナーと今後も一緒にいたいと考えているならば、「あいつは稼ぎがないから離婚できないはず」という考えをまずは捨てましょう。いつまでも妻がそばにいてくれるとは限らないのです。自分の親世代の夫婦関係を今だに手本にしていて、夫婦とはこうあるべき、と思い込んでいる人ほど危険です。**

すれ違いは年齢を重ねれば修復不可能になります。いきなり離婚を切り出されかねません。青天の霹靂とならないためにも、パートナーと自分たちの現在地を見直してみましょう。50代ならばやり直しも可能です。

他者との「つかず離れず」を大切に

50代になると、人付き合いが面倒と感じる人もいるでしょう。仕事や子育てでの義務的な付き合いが減り始めることもあり、ほとんどの人は、そう感じる時があるはずです。体力の低下や病気で外出がおっくうになる人もいるでしょう。

でも、だからといって、すべての交友関係を絶ってしまうのは賢明とは言えません。誰かとつながっていたいという欲求は、人間の本能といえるものです。

大切なのは、親族や友人とも「つかず離れず」の距離感を保つ姿勢です。親しい間柄であっても、ほどよい距離を置くことで、お互いの人格を尊重し合える関係性が生まれます。ほどよい距離感を保ちながら、柔軟な人間関係を築いていく。それが「自立と共生のバランス」を保つコツと言えそうです。

たとえば**友人関係では「嫌われたくない」と相手に合わせるのではなく、自分の意見はきちんと伝える。でも、相手の言葉にも謙虚に耳を傾ける。時には意見が合わなくても、それを認め合える関係性を築く。そこに、成熟した友情が生まれるのだと思います。**

親との関係でも、同様のことが言えます。たとえば「いい子でいなくては」と肩肘張らない。時には意見が対立することもあるでしょう。でも、そこはひとりの人間として、自分の考えをしっかりと伝える。相手の意見にも耳を傾けつつ、対等な立場で向き合う。そんなコミュニケーションがあってこそ、真の絆が育まれるはずです。

そもそも、時代とともに、人との距離感も変化していくものです。昔と違って、今はプライバシーを重んじる傾向もあります。「家族だから何でも知っていて当然」といった考え方は、もはや通用しません。**親世代と子世代、夫婦間であっても、適度な距離感を保つことが大切になってきているのです。**

「自立」と「依存」は、実は紙一重の関係にあります。誰かに頼ることを恐れず、助けを求められる柔軟さを持つ。でも同時に、自分の人生は自分で切り拓くのだという軸足を整えることを忘れない。その両方の要素を併せ持つことが、これからの時代の人間関係の秘訣になるかもしれません。

歳を重ねるほどに、人は「ひとりの個人」として扱われるようになります。もはや「誰々の親」「誰々の配偶者」ではなく、ひとつの人格として見られるようになります。自立した個人として、周囲と向き合う姿勢が大切なのです。

「他者に依存しすぎない生き方」とは、分かりやすい自立への道のりです。でも、それは他者を遠ざけることではありません。適度な距離感を保ちつつ、温かな絆を育む。「親密すぎず、かと言って疎遠すぎず」。そんな絶妙な距離感を保ちながら、人と接していく。支え合いつつも、独立した個人として尊重し合う。そこに、これからの人間関係のヒントがあるのではないでしょうか。

「ネガティブな関係」は断ち切る勇気を

人間はひとりでは生きられませんが、人生の折り返し地点の50代を迎えれば、嫌いな人と付き合い続ける意味を考えてもよいでしょう。

50代の会社員ならば、会社での自分の出世の限界も見えている年齢です。嫌な上司に尻尾を振る必要もありません。妻も子どもが育っていれば、苦手なママ友と無理に話を合わせなくてもよいでしょう。

誰もが家族や友人、同僚など、周囲の人々と関わりながら生きています。人間はいくつになっても社会的な動物です。でも、だからといって、周りに依存しすぎるのは危険です。自分の人生なのに、他人の評価ばかりが気になる。相手の言動に一喜一憂し、振り回されてしまう。そんな状態では、自分軸の生き方はいつになってもできません。

残りの人生を自分らしく生きるためには、ネガティブな関係は断ち切り、ポジティブな関係を築いていくことが欠かせません。50代の今こそ、**嫌いな人、気が合わない人と付き合うのをやめて、好きな人、気が合う人と付き合おうとする意識が重要になります。**

付き合う人の職業や思想は関係ありません。**重要なのは付き合っていて楽しいか楽しくないかだけです。**政治的な立場が違ったり、応援する野球チームが違ったりしても、言いたいことが言い合える相手と交流することで前頭葉も活性化します。年齢を重ねるほど、**一緒にいて楽しい相手、何でも本音で語り合える相手を選んでいくことが、自分軸の生き方につながります。**

そのためにも、趣味を広めに持つのがいいでしょう。ひとりでできるものと、人と一緒にやるもの、両方あるのが理想的です。たとえば読書や音楽鑑賞はひとりで楽しめますし、ゴルフや麻雀は仲間がいるから楽しいものです。そうやって、ひとりの時間と人と過ごす時間とのバランスを取れるのがベストです。

「嫌な人と付き合うのをやめよう」というのは、ある意味で当然です。そのためには、まず自分自身が「嫌な人」にならないことも大切です。相手の立場に立って考え、思いやりの心を忘れない。そんな姿勢があれば、自然によい人間関係が築けるはずです。

歳を取ると、「誰と過ごすか」が、とても重要になってきます。気の合う友人と過ごす時間、心から信頼できる専門家に相談できる安心感、そうした人間関係の質こそが、人生の充実度を左右するのかもしれません。

頼るべきは専門家

周囲に過度にとらわれずに生きていくには**「頼れる専門家を見極める目」も必要**です。法律や医療、金融など、これからシニアライフを送るうえで、専門的な知識やスキルを頼りたい場面は多くなります。信頼できる専門家を見つけ、上手に付き合っていくことも人や情報に振り回されない条件と言えるでしょう。

70代、80代の「元気に暮らすおひとりさま」は自由気ままでいいなと、50代から見ると憧れる人も少なくありません。ただ、それはプラスの側面しか見えていないかもしれません。家族がいない場合などは、入院した時の身元保証人や、お迎えがきた時の看取り、死んだ後の手続きは誰がやるのか——など不安と隣り合わせでもあります。自分が「おひとりさま」になる可能性が高い方は、早めに専門家を探しておいて、準備しておくことをおすすめします。

たとえば、定期的な「見守り契約」や将来判断ができなくなった時に備えて、入院時や高齢者施設への入居時に必要な「身元保証人」を引き受ける民間サービスがあります。また、財産管理を行う「委任契約」、認知症になった時の財産管理等を行う「任意後見契約」、亡くなった後の手続きを代行する「死後事務委任契約」もセットで組み合わせることも可能です。

こうしたサービスを活用すれば、要介護度の認定や介護保険サービスを使うためのケアマネジャーやかかりつけ医との打ち合わせ、さらには、特養への入居手続きなども、すべて家族に頼らなくてもスムーズに行えます。

ただ、専門家の意見を「鵜呑みにしない」ことも大切です。専門家のオススメをそのまま信じるのではなく、自分でも調べることが大事です。初回面談の際には、質問をいくつか用意しておいて、しっかり話を聞くなどの姿勢は欠かせません。たとえば高齢者の支援サービスも時間をかけて、希望する支援は何か、何度も話し合い、オーダーメイドの形で契約を交わすべきでしょう。**50代でこうした制度を知っておけば、専門家をうまく活用した老後を送れるはずです。**

気を付けなければいけないのは専門家も商売であることです。自分たちが得する助言もすることでしょう。そして、重要なのは、商売を抜きにしても間違うこともあります。特に**医療の世界では、「医者は間違うことがある」と意識しておく必要があります**（これについては次章で詳しくお伝えします）。自分の体のことは、自分が一番よく知っているはずです。

だからこそ、医者の言葉を鵜呑みにせず、自分の体の声に耳を傾けてみましょう。

「自分軸の生き方」は、決してひとりで力強く生きることではありません。家族や周りの人たちと適度な距離を保ちながら、専門家の意見を聞き入れながら、お互いを尊重し合える関係を築く。孤立ではなく自立することで、人生は楽しくなります。

「ほどよい孤独」のすすめ

シニア世代になれば、「孤独」と向き合う機会は嫌でも増えます。配偶者を亡くしたり、子どもが独立したり、長く働いた職場を離れるなどです。そうした環境の変化の中で、改めて自分自身と向き合う時間を持つことが大切になってきます。

でも、そこで大事なのは、「孤独だから寂しい」と思い込まないことです。時間を味方に付けて、自分自身の内面と対話してみる。そこには、きっと新しい発見や気づきが待っているはずです。

現代社会は、「孤独」に敏感になっています。ひとりでいることは、時に「寂しい」「つらい」と感じられがちです。

でも、ちょっと待ってください。**本当の意味での孤独とは他者がいないから生まれるのではありません。むしろ、自分自身との対話が不足しているところに、孤独の正体があります。**

ひとりの時間を持つことは、自分と向き合うための大切なプロセスです。静かな時間の中で、自問自答を繰り返す。今の自分に足りないものは何か、本当の自分は、どこに向かおうとしているのか。そんな問いかけを通して、自分自身を深く見つめることができるようになります。

昔の人は言いました。「孤独を恐れるな」と。むしろ**孤独な時間を大切にすることで、**

人は内面を充実させ、強くしなやかに生きられる側面があります。

「ほどよい孤独」とは、そんな自己対話の時間を積極的に持つことです。周囲との交流も大切にしつつ、ひとりでいる時間も尊重する。そこに、バランスの取れた生き方の秘訣があるように思います。

ひとりの時間は何をしようが自由です。読書の時間を持ったり、黙想に耽ったり、自然の中で静かに過ごしたり、好きな音楽に耳を傾けたり。そんな「孤独」を楽しむことで、かえって人とのつながりの尊さを実感できるはずです。

「ほどよい孤独」を味わう経験は、人として成長するための糧になります。ひとりで過ごす時間があるからこそ、改めて人の温かみを感じられる。そんな当たり前のことを、私たちは意外と忘れがちです。

もしかすると、「ひとりは好きだけど、周りの目もあるし一歩踏み出せない」という人もいるかもしれません。心配いりません。人間には誰でも個人差があります。周囲と同じである必要はありません。大切なのは「自分の心の声を聴くこと」です。

自分らしさを大切にしながら、「孤独」を味方に付けてしなやかに生きる。これからの時代をよりよく生きるための知恵は、きっとそこにあるのだと思います。

第 4 章

医療との適度な距離感を保つ

医療依存を減らし、
自分で学び、考え、選択しよう

現代医療の落とし穴

私たちの健康を守るうえで、医療の果たす役割は非常に大きいです。かつては命の危険に晒されていた感染症などにかかっても死を免れることができるのも医療の進歩のおかげです。ただ、医療への過剰な依存は、健康を脅かす危険をはらんでいます。

医療はビジネスでもあります。製薬会社や医療機器メーカーとの癒着から、患者が人為的に作られる面もあります。病院に行けば行くほど、余計な検査をされ、なんらかの効能はあるものの一方で体に害もある薬を飲まされ、ときには命を縮める。決して荒唐無稽な話ではないのです。

特に問題なのが、現代医療の「専門分化」です。

現代の日本では、医療業界の専門分化が進み、心臓や肺、胃腸などの臓器ごとに医師が専門分化し、各分野の診断や治療の技術を高めることを重視しています。病院に行くと臓器別に特化した無数の診療科が並んでいます。実際、医学の進歩により各臓器に関する知識は深まり、難病を患った際はその臓器の専門医の診察を受けたほうが適切な治療が受けられるメリットがあります。

しかし、専門的な臓器ばかりを診ていると総合的に患者の体を診察できなくなるデメリットも生まれています。**医師が専門以外のことを知らないため、日本は「総合診療ができる人材」が不足しているのが現状です。**

たとえば、長年糖尿病を専門としてきた医師が開業し、内科・小児科と標榜したとしましょう。医師免許があれば専門外の科を掲げることは法律的には問題ありませんが、専門外の病気に自信を持って対応できるとは限りません。

その場合、自分の専門外の臓器については、治療マニュアルのような本にしたがった治療を行うことになるので、過剰な薬の処方など患者の健康を損なうリスクが高まります。専門医といっても、その分野の試験に受かっただけで、それ以外の知識はほとんど保証されていません。ただ、**多くの患者は、「医者のいうことは絶対」と考えていますから、過剰に薬を飲み、体調を崩してしまう患者が後を絶たないのです。**

医療現場の実態を見ていると、専門医たちの「縦割り意識」の強さには驚かされます。専門外のことには興味がないし、責任も取れない。だから患者を次から次へとたらい回しにします。挙句の果てには、「あなたを診られる医者はうちにはいません」と平然と言い放ちます。みなさんの中にも経験がある方はいらっしゃるはずです。

本来、人間の体は、臓器が独立して機能しているわけではありません。全身がつながり、関連し合いながら、ひとつの生体システムとして働いています。現代医療は、こういうシステム論の考え方に反しています。まるで体を部品の集まりのように扱い、ひとつひとつを個別に治療しようとしています。これでは、**特定の箇所がもしよくなっても、体全体の**

バランスは崩れてしまいかねないのです。「木を見て森を見ず」の医療だと言えるでしょう。

薬を飲むのはやめていい

体調が悪いから、医者に行って薬をもらう。みなさんの中にもとりあえず薬を飲めば安心という人は少なくないはずです。

もちろん、薬は命の危機を救ってくれるときもあります。たとえば、抗生物質が実用化されたことで細菌による感染症で命を落とす人は劇的に減りました。

ただ、薬というのは諸刃の剣であることも忘れてはいけません。**病気を治す良薬であると同時に、副作用のリスクも抱えています。**しかも、現代医療は未知の部分も少なくありません。**特定の病気に効いても、体全体には負荷がかかることも考えられます。**過剰に投薬することは避けるべきでしょう。

しかも、専門医たちのほとんどが、患者の話に耳を傾けず、検査データだけを気にして薬を出す。こうした姿勢では、患者の抱える問題の本質を見抜くことはできません。

臓器別の治療で最も怖いのが、過剰投薬のリスクです。心臓の薬、胃腸の薬、血圧の薬……。さまざまな症状に対して、次から次へと薬が処方されていく。気が付けば、1日に10種類以上の薬を飲んでいた、なんてケースも珍しくありません。

考えてみてください。**薬というものは、どんなに良薬でも、必ず副作用があるものです。しかも、複数の薬が体内で化学反応を起こせば、予期せぬ悪影響が生じるかもしれません。**それなのに、安易に多剤を投与するなんて、まるで人間の体を実験台にしているようなものです。

ですから、**医者の言うことを過剰に信用せず、ご自身の体調と相談しながら治療方針を判断する姿勢も必要です。**たとえば副作用で体調が悪くなるようなら、医者に言われても無理に薬を飲み続ける必要はありません。医者から言われたからといって鵜呑みにせず、ご自身に合うかどうかを見極めましょう。

実際、患者によっては薬の飲み合わせで、かえって体調を悪化させることもあります。それにもかかわらず、多くの医師は、自分の専門分野の治療にしか関心がない状態です。ましてや、東洋医学のような「非科学的」と思われている治療法には、まったく目を向けようとしません。こうした**西洋医学への盲信が、患者の側の医療への過剰な依存を生み、医者のほうもその理論を疑うことがありません。**

健康診断の結果を鵜呑みにしない

医学の世界では「個人差」が無視されがちです。ある治療法が多くの患者に効果があったとしても、全員に当てはまるわけではありません。それにもかかわらず、**医者は「多数**

派」の治療を画一的に勧めてしまう。これでは、自分に合わない治療を受けるリスクが高まってしまいます。

医学は、結局は確率の問題です。たとえばある薬が、１００人中70人に効果があったとしても、30人には効果がないことはよくあります。その30人にとっては、薬を飲むことはまったくのムダになります。それどころか5人には副作用などでもとより悪くなることも往々にして起こります。

そんな「確率」に振り回されるくらいなら、むしろ自分の感覚を信じるほうがいいでしょう。「この薬を飲んだら調子が悪くなる」と感じたら、処方された通りに飲み続けるのではなく、一度医師に相談してみましょう。それでも「大丈夫だ」と言われたら、別の医師にセカンドオピニオンを求めてみるのもひとつの手段です。

医者の多くは薬を変えてくれないので、医者に相談せずに試しにやめてみるというのも大事な手段です。やめて調子がよければそれでいいし、悪くなれば戻せばいいだけです。こうすれば無駄な医者代もかかりません。そうやって**医師を「消費者目線」で選ぶという発想が、これからの時代に求められているのかもしれません。**

そもそも、医者は健康法についてそこまで詳しくありません。医学部で栄養学をほとんど学びません。医師は、薬を出すことには熱心ですが、食事指導となると及び腰です。一般論に終始しがちです。その栄養学というのも、何を減らせとは言っても、何を足したら元気になるなどというアドバイスはまずありません。

たとえば、多くの医師は糖尿病の患者さんには画一的にカロリー制限を指導します。ですから、その人の生活習慣や嗜好を考えず、ただ我慢を強いるだけになりがちです。そんな指導では、長続きしない人もいるし、そのストレスで免疫力を落とす人もいるでしょう。また、糖分は脳にとっては重要な栄養素なので、かえって脳の調子が悪くなることもあり得ます。

薬を出すだけでなく、食事療法なら、もっと柔軟にアプローチできるはずです。患者さんひとりひとりの個性に合わせて、オーダーメイドの指導が本来は可能です。そうすれば、無理なく実践できるはずです。

「医食同源」という言葉があるように、食べものは病気を防ぐ「予防薬」であり、病気を治す「治療薬」でもあります。薬に頼る前に、まずは食生活を見直す。そんな視点を、医師ももっと持つべきでしょう。

おそらく、みなさんの中には「そうは言っても、健康診断の結果が悪ければ薬は飲まなきゃいけない」と思われている人も多いでしょう。ただ、**医者が薬を出すか出さないかの検査の基準値は製薬会社の影響を受けてとしか思えないような形で恣意的に設定されている面が否定できません。検査で異常値が出ても必要以上に不安がることはありませんし、基準から外れたからといって即病気とも限らないのです。個人差が大きいことを理解し、**

ご自身の体調と相談しながら冷静に判断することが肝要です。

医者任せ・検査数値至上主義の医療を盲信するのではなく、ご自身の体と対話しながら、納得できる医療を選ぶ目を養うことが何より大切だと言えるでしょう。「体調が悪いのに我慢する」のも「数値が悪いからと過剰に心配する」のも、医者や検査への過剰な依存が生んだ弊害です。

50代のみなさんはまだ薬漬けになっている人は少ないはずです。これまでの常識を一度リセットして、「検査データ至上主義」から脱却し、「自分の体の声」に耳を傾けてみてください。

自分の「健康」の感覚を大切に

自分の体の声に素直になるためには、まず**「健康の定義」を問い直す**ことが大切だと思います。世界保健機構（WHO）の憲章には、**「健康とは、病気ではないとか、弱っていないということではなく、肉体的にも、精神的にも、そして社会的にも、すべてが満たされた状態**※**」**とあります。

つまり、検査値が正常範囲内だからといって、必ずしも「健康」とは限らないのです。たとえば**検査だけでは心の健康までは測れません**。逆に、データ的には疾患があっても、それを受け入れて生き生きと暮らしている人もいます。本人は生き生きと生きていたのに数値の異常を気にし過ぎて必要以上に我慢する生活を送れば、かえってストレスが高まり、病気のリスクが高まります。

大切なのは、あくまで本人が「満たされている」と感じられるかどうかにあります。そ

の主観的な感覚こそが、真の意味での健康なのだと、私は考えます。

病気と上手に付き合っていくためには、**病気を「治す」という発想から、病気と「共存する」という発想に転換することが大事**になります。

その意味で、「自分の体の声」に耳を澄ますことの重要性は、計り知れません。たとえば、「この薬を飲むと調子が悪くなる」と感じたら、自己判断で服薬を中止してもいい。もちろん、かかりつけ医に相談するのが望ましいですが、それでも「処方通り飲み続けるように」といわれたら、自分の感覚を信じる勇気を持ちたいものです。自分で自分の健康に責任を持つ力が、これからの時代には求められているのではないでしょうか？

医療の知見は日進月歩で変化していくものであり、常に新しい情報にアンテナを張り、ご自身の頭で考える習慣を身に付けることが大切だと思います。その意味で、医者の話を

※公益社団法人 日本ＷＨＯ協会ＨＰより引用。

参考にしつつも、別の見方を知るために、医療関連のネット情報を読んだり、書籍を読んだりするのがお勧めです。医者のやるセミナーは、通常、旧来の医学常識に沿ったものが多いので、あまり意味がありません。

最新の医学的エビデンスを知ることは重要ですが、個人差を踏まえて柔軟に考えることが欠かせません。ご家族など身近な人たちとよく話し合い、ご自身に合った健康法・医療のあり方を模索していくことが理想だと考えます。

医者に頼りきるのではなく、病気を予防する生活習慣を身に付けることも忘れてはなりません。

作家の五木寛之さんと対談したときに印象的だったのですが五木さんは、自己流の健康法を実践してきたそうです。たとえば偏頭痛には、自分に合った対処法を編み出し、「先手を打つ」ことで症状をコントロールしてきたらしいです。自分の体に向き合い、その声を聴くことで、病気を乗り越えてきたのです。

まずは自分で原因を考えてみる。ストレスが溜まっていないか、食生活が乱れていないか。自分に対する「気づき」を大切にする姿勢は非常に重要です。

もちろん、命に関わる病気や専門性の高い治療では、医師の力を借りる必要があります。しかし、その時も「この治療は本当に自分に必要なのか」「薬の副作用のリスクは？」と、疑問を持つことが大切です。

みなさんに覚えておいてほしいのは**「医者も間違うことがある」「古い医学常識が更新されることがある」**ということです。この意識を持つことが、医者への過剰な依存から脱却する第一歩になります。自分の体のことを一番よく知っているのは、他でもない自分自身です。**「自分の体は自分で守る」「医者以上に新しい知識を得る」**という気概を持って、医療と賢く付き合っていきたいものです。

和田流セルフメディケーションのすすめ

「セルフメディケーション」という言葉をご存じでしょうか。**「自分の体の面倒は自分で見る」**という精神です。すでに、「セルフメディケーション税制」という制度まで存在します。**一定の条件を満たせば、ドラッグストアなどで購入した医薬品の代金が、確定申告で所得控除の対象になります。**

この制度からも分かるように、「セルフメディケーション」という考えは、今や社会的にも推奨されるようになっています。**病気になったからといって、病院に駆け込んで薬を飲むのではなく、まずは自分で原因を探る。そして体に負担の少ない方法で、自然治癒力を高めていってほしいものです。**

人生100年時代を健やかに生きるためには、「自分の体は自分で守る」という意識は不可欠です。「病は気から」と昔の人は言いました。心と体は密接に関わっています。だからこそ、自分を信じ、自分を大切にする生き方こそが、真の健康への近道になります。これは医療費の高いアメリカでは当たり前の感覚になっているのですが、日本では簡単に医者にかかれるためないがしろになっている気がします。

もちろん、体調不良が長引くとき、今までに経験したことのない症状が出たとき、生活に支障が出るほど症状が強いときは、早めに医療機関を受診しましょう。そこまでいかない未病の段階で自分でできるケアを考えることが健康管理の第一歩です。

体調の変化にはできるだけ早く気づくよう心がけ、症状が軽いうちに自分なりのケアを始めるのも賢明な選択です。

風邪気味なら栄養価の高い食事を心がけ、ゆっくり休養を取る。ストレスを感じたら、早めにリラックスする時間を作る。そういう生き方が医者に頼るより健康でいられるものです。

人間の病気は思うほど予測可能ではありません。特効薬のない病気も少なくありません。

だからこそ、自然治癒力をいかに高めるかが大切です。

たとえば、風邪のひき始めにお灸をすえたり、生姜湯を飲んだり。そうした「おばあちゃんの知恵」には、おそらくはそれなりの根拠があるのでしょう。天然に存在する薬効を持つ産物を使った生薬は、副作用のリスクが低いのが特徴です。だから多少効き目が穏やかでも、継続して使えます。これが現代医療にはない、東洋医学の強みです。

医者の指示を待つのではなく、自ら健康づくりに取り組むことは実はその取り組み自体が健康に効果があります。知能を測る2つのテストで上位のスコアだったグループのほうが、下位のグループと比べてはるかに死亡率が低いというデータもあります。つまり、頭をよく使っている人ほど、長生きする傾向にあります。自分の頭で健康について考えることの大切さが分かるでしょう。

気を付けなければいけないのは「やりすぎないこと」です。健康オタクになって、かえって神経質になってては本末転倒です。50代のみなさんはまだ行動力もありますし、情報収集力も高いので、中には健康を過剰に意識し過ぎてしまう人もいます。やりすぎず、程々の関心を持って、バランス感覚を大切にしましょう。

セルフメディケーションに正解はありません。自分だけの健康法を見つけるのも、セルフメディケーションの醍醐味です。**食事、運動、睡眠、ストレス管理、趣味など、バランスの取れた豊かな生活を心がけましょう。好奇心を持って新しいことに挑戦し、ボランティアなどを通じて社会とのつながりを大切にすることで満足感が得られるなら、それも健康の秘訣だと思います。**

時には、「ユル医療」「ユル健康法」も必要なのかもしれません。**「こうでなくては」という固定観念から離れ、自由に健康を楽しむ。**そんな発想の転換が、医者や薬に過度に依存しない、自立した患者への第一歩になるのではないでしょうか。

「医食同源」の知恵に学ぶ

私たちの健康を守るうえで、医療の果たす役割は計り知れません。病気やケガを治療し、命を救う。そんな医療の力は評価していいでしょう。偉大です。

ただ、同時に、医療に頼りすぎるのは危険です。「病は気から」と昔の人は言いました。体の不調は、日々の生活習慣と密接に関わっているのです。

「医食同源」の重要性について先ほど触れました。医療と食事は同じ源から生まれる、つまり食べ物こそが病気を防ぎ、健康を支える源泉だという意味です。

日々の食事に気を付けることは、未病が本当の病気になるのを防ぐための第一歩です。

バランスの取れた食生活を心がけ、体にやさしい食材を選ぶ。そうした日々の積み重ねが、健康な体を作ってくれるのです。

しかし、いっぽうできちんとした大規模比較調査を日本で行わない医師たちの言うことを信じて、それがどんな効果があるのか分からないまま、健康的な食生活を実践している人が多いのも事実です。

またバランスが取れていないとか言われて、健康オタク状態になり、特にそれがストレスになる場合は、免疫力が下がって、がんになりやすくなるかもしれません。

やはり食事というのは楽しめるのが理想だと私は信じています。**幸せになるために食べるのであって、健康のために食べるというのは本末転倒です。**

食事は心の健康とも深く結びついています。**家族や友人と一緒に食卓を囲むことで、会話が弾み、絆が深まる。そんな温かなコミュニケーションが、心を豊かに満たしてくれることもあるからです。**逆に一緒にいて楽しくない人と食事をしたり、食事のたびに塩分が多いとか脂分が多いとか目くじらを立てる人と食事をすると心の健康を害しかねません。

何よりも食事は栄養が重要です。私は高齢になるほど栄養を取ったほうがいいと考えています。

東京都の医師会も日本老年医学会も、高齢になったら「『メタボ対策』からフレイル（虚弱状態）予防へ」とホームページで呼びかけています。**ＢＭＩの目標が21・5〜24・9と私からすると中途半端なもので、本当に長生きできると私が信じていて、データ上の裏付けもある25以上には足りませんが、高齢者はこれまでより栄養を取れという点では私の考えと一致しています。**

いずれにせよ、多くの人は高齢になったら、節制して栄養を減らして、やせるのが理想と考えます。中高年以上でも元気でいたいのならば、そうした「引き算の発想」から「足し算の発想」への切り替えが大切になります。

実際、私は高血圧症、糖尿病という、普通なら引き算をされる持病を抱えていますが、多少は薬で血圧を下げているものの、原則的に足し算の食生活を送っています。なるべく多くの種類の食材を取ることは意識していますが、中高年が「健康のために」と避けがちなラーメンも食べます。ラーメンはもともと好きなのですが、血圧や血糖値が高いのに、むしろ食べる回数を増やしているくらいです。スープには10種類以上の食材が入っていますし、トッピングを足すと15種類くらいの食材が取れます。

確かに、私は検査データ上はボロボロの身体ですが、なぜか歳の割に容姿は若いと言われますし、仕事も人一倍できています。**食事に関してはあれこれ気にせず、我慢せずに楽しく栄養を取る意識のおかげだと信じています。**

医者を「消費者目線」で選ぶ時代

医療の世界にも、大きな変化の波が押し寄せています。かつて医師たちは「お医者様」と呼ばれ、絶対的な権威を持っていましたが今は、患者と対等な関係性の中で、医療サービスを提供することが求められるようになってきています（現実には、とても対等とは言えませんが）。

そんな時代だからこそ、**患者側にも、医療に対する意識改革が必要です。**盲目的に医者を信頼するのではなく、自分の健康は自分で守るという主体性の重要性は指摘してきましたが、そのためには、**医者選びにも「消費者目線」が欠かせません。医者が一方的に治療や検査を押し付けるのでなく、こちらの要望を勘案し、なるべく多くの選択肢を提示してくれる。それを通じて、患者と治療方針を共同決定してくれるような医者が望ましいと思います。**

これからシニア世代になると、複数の病気を抱えていることも珍しくありません。そんな時こそ、総合的な視点から体調を見守ってくれる医者が頼りになります。そこでも重要になるのが医者のコミュニケーション能力です。臓器別の専門医たちの意見を取りまとめ、全体像を描ける力量が求められるからです。

また、セカンドオピニオンにも柔軟に対応してくれる医者を選ぶことも大切です。「うちの治療方針以外は認めない」などと頑なな態度を取る医者は要注意です。**治療のベネフィットとリスクをきちんと説明してくれるなど、患者の不安に寄り添い、他の選択肢も示してくれる懐の深さを持った医者を選びたいものです。**

医療技術の高さももちろん重要な基準になります。でも、最先端の知識を持っているだけでは不十分です。今は、その知識を患者ひとりひとりに合わせて、柔軟に活用できる応用力が問われているのです。ただ、シニア世代の場合、最先端にこだわることがメリットにならないことが多いことを知っておくのも大切です。

安心した老後を迎えるには「かかりつけ医」を持つことも大切なポイントです。日頃から自分の生活への希望と健康管理を両立でき、不安なときには相談できて、いざという時に頼れる医者がいれば、心強いはず。ちゃんと話を聞いてくれて、信頼できるかかりつけ医を見つけておくことが、医療との上手な付き合い方の第一歩になるでしょう。

検査数値だけを気にして薬を出す医者は要注意です。「この薬、調子が悪くなるんだけど」のようなこちらの訴えに耳を傾け、柔軟に対応してくれる医者こそ、信頼できるパートナーになるはずです。ただ、そんな医者を見つけるのはとてもとても難しいことなので、適当に妥協するのか、治療などについては、情報を集めて、自己決定するのか、そこは考えておく必要があるでしょう。

忘れがちですが、病院や薬局の対応もチェックしておきたいポイントです。スタッフの笑顔と丁寧な対応、プライバシーへの配慮、夜間や休日の対応など、患者目線に立ったサービスが提供されているかどうかを見極めることも大切だと思います。

ただ、どんなに信頼できる医者でも、過度に頼りすぎるのは禁物です。**あくまで医療は、自分の健康を守るための「手段」のひとつです。責任のすべてを医者に委ねるのではなく、自分でも学び、考え、選択する姿勢が肝心です。**

医療情報があふれる現代だからこそ、患者側にも「自分で調べ、自分で判断する」力が求められています。もちろん、調べるだけでは不十分です。そこから得た知識を咀嚼し、医者とのコミュニケーションに活かす姿勢が欠かせません。

そうして**医者と患者が協働することで、はじめて最適な治療が実現できるのです。**ただ、こういうようなことをＡＩがやってくれる可能性が高いことは知っておいていいでしょう。

「消費者目線」の医療との付き合い方こそが、これから人生の後半を迎えるみなさんには必要とされています。医者を選ぶ目を養い、医療に依存しすぎない自立した患者となる。それに自信がなければ極力ＡＩを上手に使う。その先に、自分らしい健康的な人生が広がっているはずです。

「結局、自分は何をしたいか」が最も大切

最も大切なのは、ご自身や大切な人が納得のいく人生を全うできることです。そのためには、ご自身の望む人生を明確にすることから始めましょう。**何歳くらいまで元気でいた**

いのか。

元気な間にどんなことを楽しみ、どう社会に貢献したいのか、そのために今から何をすべきか。必要な情報を集め、信頼できる専門家や仲間とつながりながら、よりよい選択を重ねることが大切です。

医療への過剰な依存から脱却したり、医療がすべて正しいものとして受け入れるのでなく、**自分にとって役に立つと思えるのなら、医療をうまく活用して豊かな人生を送りましょう。**これからの超高齢社会を生き抜く知恵として、ひとりひとりが考えなければいけないテーマになります。

重要なのは医者や身の回りにあふれている情報に振り回されずに、体調に従って、医療を受けたり、生活習慣を変えたりすることです。そのためのヒントを私はこれからも提言していくつもりです。これにしても鵜呑みにするのでなく、自分で考える参考にしてほしいのです。

第 5 章

テクノロジーと上手に付き合う

常に好奇心を持ち続け、AIやロボットを味方に付けよう

AIやロボットを味方に付ける

令和の時代に生きる私たちは非常に便利なものやサービスに囲まれています。テクノロジーの進歩によって、以前は不可能と思われていたことが、次々と実現可能になってきました。

情報通信技術の発達で、瞬時に世界とつながることができるようになり、**AI（人工知能）やロボット工学の進歩は、私たちの生活を根底から変えつつあります。**スマートフォンをタップするだけで必要なものを家にいながら買えたり、ネット配信の動画をストレスなく見られたりするのはテクノロジーの進歩のおかげです。

こうしたテクノロジーの力を借りれば、加齢に伴う不安から解放され、今までにない自由な生き方を手に入れられるかもしれません。

まず大切なのは、**「AIやロボットを味方に付ける」**ことです。そう聞くと「本当に頼りになるのかな、ちょっと不安」と思われる人もいるかもしれません。AI、ロボットと聞くだけで敬遠してしまう人もいるでしょう。ただ、これまでも人間はテクノロジーをうまく使いこなしながら生きてきました。

たとえば、歩行がままならなくても、自動車があれば出かけられます。階段の上り下りが難しくても、エスカレーターやエレベーターがあれば移動の負担は減らせます。AIもロボットもその延長線上にあると考えれば、抵抗感は減るはずです。**テクノロジーの力を借りながら、自分にできることを増やしていく。それがこれからのシニア世代の自立した生き方の第一歩になります。**

たとえば、介護の現場ではロボットの活躍が期待されています。重労働である入浴介助や移乗介助などを、ロボットが代行してくれれば、介護士の負担が大幅に軽減できます。そうなれば、介護士はもっと利用者と向き合う時間が生まれ、ケアの質が高まるはずです。

認知症の人の見守りにも、センサー技術が役立ちそうです。部屋の中での転倒や徘徊を、AIが検知してくれれば、事故を未然に防げます。GPSを使えば、行方不明になるリスクも減らせるでしょう。

こうしたテクノロジーのサポートが実現しそうなことを知っていれば、たとえ体力が衰えても、住み慣れた自宅で暮らし続けられるという選択肢が現実的に見えてきます。それこそが、多くのシニアの希望でしょう。また、**介護施設に入居するにしても、ロボットが普及すれば今よりも安い費用で入居できるはずです。**もっと優秀なロボットが開発されれば、**施設に入らなくても、ロボットから介護を受けられるようになるでしょう。**

そのためにも欠かせないのは**テクノロジーがどのように世界を変えるかを知る姿勢です。**60代、70代になってしまうと新しいテクノロジーについて学ぶのがおっくうになりがちです。**シニア世代こそテクノロジーを活用する余地が大きいのに「自分には関係ない」**

と思ってしまい、結果的に老後の選択肢を狭めることになりかねません。50代の今ならば、肉体的にも精神的にも学ぶ余裕があるはずです。

AIを使って行動のハードルを下げる

テクノロジーについて学べば老後に対しても極端に悲観的にならなくなります。AIの時代というのは、高齢者が欲しいというものがすぐに実用化できる時代になるからです。

ロボットスーツを着れば、体力の衰えを感じずに歩けます。VRゴーグルやメタバースを使えば、寝たきりになっても旅行気分が味わえますし、認知機能をサポートしてくれるアプリも遠くない将来に登場するでしょう。

介護ロボットが進化して、AI搭載の介護ロボットができれば、こちらが言ったことは基本的にかなえてくれるはずです。一般的な介護だけでなく美味しい料理だって作ってくれることでしょう。

このように、テクノロジーをうまく使えば私たちの行動はとても楽になるはずです。「そうはいっても難しそう。パソコンも使えないし……」と思う人もいるでしょうが、ＡＩはＩＴとはまったく別物です。これがＡＩに対する大きな誤解といえます。

パソコンやスマートフォンなどのＩＴはあくまでも道具です。**ＩＴは道具なので、やり方を覚えないといけません。**シニア層だけでなく40代、50代でもデジタルネイティブといわれる若者たちには太刀打ちできません。一方、**ＡＩは人間が命令したら答えを出してくれます。命令さえすれば、自分の代わりに、いろいろやってくれます。**

チャットＧＰＴの登場でも分かるように、ＡＩというのは、**やり方を覚えなくても勝手に答えを考えてくれるものです。**

ＡＩ学者の落合陽一さんによると、**２０２６年くらいにＡＩの国語力が人間の国語力**

に追い付く予測だったのが、23年に実現したそうです。それによってチャットGPTのように、こちらが課題を出せばすぐに作文にしてくれるようなものが利用可能になりました。自分の愚痴を聞いてくれて、それに対する適切な反応をした言葉を返してくれるようなことも簡単になっています。

パソコンやスマートフォンを使えない人たちは「時代遅れ」と言われてきましたが、AI時代は道具の使い方を覚えなくても命令を何でも聞いてもらえます。厚かましいお願いができる人のほうが、賢い高齢者になれます。

AIは口頭の命令でなんでもやってくれるドラえもんのようなものと思うと分かりやすいかもしれません。のび太は勉強はできませんが、自分の不自由さを解消するために無茶な要求をします。そのかけあいが面白いので、ドラえもんの物語は成り立っています。**今のAI時代は、誰もがのび太になれる時代です。**そんな馬鹿なと思われるでしょうが、そんな馬鹿なことが今起きつつあるのです。コンピュータがチェスの王者や将棋の名人に勝てるとは20世紀末まで誰も思っていませんでしたが、それから十数年で人間が勝てる相手ではなくなりました。こうした進化を知っているかいないかでみなさんのこれからの人生は変わるはずです。

つまり、**シニア世代の「あったらいいな」を形にしやすい時代が、もう目の前に来ています。そんな技術をうまく使えるかどうかはみなさん次第です。ここで重要なのは、遠慮せずにあったらいいなと思える力だと私は信じています。**

医者より正しいＡＩ診断

医療の世界でも、ＡＩ技術への期待が高まっています。ＡＩには膨大なデータから最適解を導き出す力があります。その圧倒的な情報処理能力を使えば、画像診断や病理診断そして血液検査の異常など、医師の目では見落としがちな異変を、ＡＩが見抜いてくれるはずです。実際、**すでに一部の画像診断ではＡＩが生身の医師の知見を上回っています。**

これは当たり前ですね。世界中のデータを持ち合わせているＡＩと個人の医師の経験知では比べようもありません。

また、日本の医師たちは最新の大規模調査のデータを無視した治療に走りがちですが、医療データを分析することで、より妥当な治療が可能になることでしょう。

高齢者医療の分野などでは、個人差を考慮したオーダーメイド医療の実現が期待されていますが、膨大なデータから、個人に最適な治療法を導き出すことも可能になるかもしれません。体重や年齢や性別を入力すれば、ビッグデータを参照して、あるいは年齢による血中濃度の変化にも対応してくれるはずです。薬も飲み合わせも瞬時に判断し、そのリスクを減らし、ＱＯＬを高める処方が簡単に実現できるはずです。

そういう**オーダーメイド医療の実現にも、ＡＩは欠かせません。理想の医療が、ＡＩによって可能になる日がすぐそこまで来ています。**

患者と医師のコミュニケーションにも、テクノロジーは一役買ってくれそうです。以前から医療は、情報の非対称性が大きい世界といわれてきました。つまり**医師と患者の間に、圧倒的な情報量の差があります**。それを埋めるツールとしても、テクノロジーは活用できます。たとえば、**診察の様子を録画し、音声をテキスト化すれば、説明内容を後から確認できます。聞き逃しや誤解が減り、医療の透明性が高まるはずです**。

在宅医療の現場でも、オンライン診療などのツールが威力を発揮するでしょう。

日本では少子高齢化で過疎化が避けられない地域が少なくありません。交通インフラがどこまで維持できるかという懸念もあります。医師が遠隔で患者の容態をチェックし、適切な指示を出せば、患者は通院の負担が減るはずです。すでに一部で始まっていますが、普及すれば、足腰が弱って病院に行けない人でも、自宅で診察を受けられますし、島しょ部など、医療資源の乏しい地域の人にとっても、恩恵は非常に大きいはずです。病院と自宅をシームレスにつなぐ「スマート治療」の実現も、そう遠くない未来の話かもしれません。

もちろん、オンライン診療の是非については、慎重な意見もあります。「対面でないと、患者の様子が分からない」「機械を介することで、医師と患者の信頼関係が損なわれる」といった懸念の声も、医療界から聞こえてきます。

ただ、問題は対面かオンラインかではありません。対面でも患者の声に耳を傾けない医者を私は嫌というほど見てきました。電子カルテばかり見て患者の顔をろくにみない医師もだいぶいますし、マスク着用を強制する病院が大多数です。

重要なのは、患者とどう向き合い、そのツールで何を実現するかです。医者が患者としっかり向き合う姿勢さえ忘れなければ、オンライン診療だって素晴らしい医療になります。また医師の危機感が高まれば対面治療の質も上がるでしょう。

幸いにして今どきの若い医師は、コンピュータに慣れ親しんでいます。オンライン診療も選択肢のひとつに考えていれば、みなさんの老後の生活スタイルがまた広がるはずです。

あふれる情報にとらわれない

「情報との賢い付き合い方」も欠かせません。**学生時代から40代まで、私たちの情報収集は、ほとんどすべてが知識のインプットのためだった**と思います。もちろん、いくつになっても、常に新しい情報知識に触れ、それを吸収していくことはある程度は意味があるでしょう。

しかし、インターネットで検索すればすぐに欲しい情報を得られる時代には情報そのものには以前ほど価値はありません。これからの時代は、その情報を使って自分で考える能力が求められます。だからこそ、**あふれる情報の中から、自分にとって本当に必要なものを選び取る目を養いましょう。**

たとえば、医療分野についてはみなさん熱心にリサーチをするはずです。自分に合った医療機関の探し方、病気に関する基礎知識、介護サービスの利用法……。そのどれもが、私たちの健康寿命を左右する大切な情報ですが、ネットには、玉石混淆の情報があふれています。

中には根拠の乏しい俗説や、ときには悪質なデマも含まれています。鵜呑みにして振り回されないためには、情報を見極める力が問われます。

情報というのは、ただ集めるだけでは意味がありません。集めた情報を、自分なりに咀嚼し、血肉にしていくことが大切です。その間に、その情報がどれだけあてになるかを吟味する必要があります。そのプロセスがあってこそ、本当の意味で「知る」ことになります。

ネット検索は「情報を得るきっかけ」に過ぎません。そこから先は、**自分の頭で考え、信頼できる情報源を選ぶ、複数の見解を比べる、ときには専門家に相談し、その情報の理**

解を深めたり、背景情報を知ったりする。そんな習慣を身に付けることが、情報リテラシーの第一歩であり、賢明な消費者への道を切り拓くのだと思います。

注意してほしいのは、ネットを信用するなと言っているわけではありません。

今の時代、インターネットを使わないのは「知のツール」を捨てているようなものです。使わない手はありません。知識は思考の材料であり、知識なくしてものを考えることはできません。だからこそ、インターネットで得た情報を鵜呑みにせず、自分なりの考えを育てていくことが重要になります。

まずは、**医療や健康に関する情報を調べるならば、複数の記事を読み比べてみましょう。専門家の動画を見たり、無料の講演を聞いたりして、自分なりの仮説を立ててみましょう。**

そうやって情報を深く咀嚼することで、主体的な学びにつなげられるはずです。

「正解」は変わると考える

賢明な情報消費者になるためには、自分で情報の取捨選択をしようとする姿勢が大切です。**取捨選択がきちんとできなくても、ものごとを多角的に見る習慣を付け、ひとつの見方に偏らず、常に懐疑的であること。その姿勢があれば、情報に踊らされることはかなり少なくなるでしょう。**

世の中のほとんどのことの答えはひとつではありません。将来、よりよい答えが出てきたり、今、正解と思われていることが変わったりする可能性もかなり高いのです。なるべく多様な答えを知っておいたり、考えておいたりしたほうがいいですし、多様な考えや知識を受け入れたほうが賢明でしょう。

「多様な考えや知識を受け入れる」というのは、「どれかひとつに決める」姿勢とは真逆のスタンスなので、みなさんの中には違和感を抱く人もいるかもしれません。多くの日本人は義務教育の頃から、「物事には何かひとつの答えがある」と教え込まれてきたかもしれませんが、現実は違うのです。

私自身も、若いころは、たったひとつの正解を求めて、あるいは、人に（論争などで）勝つために勉強していましたが、今は、いろいろな答えがあるのを知るため、いろいろな人の考えを受け入れるために勉強しています。

たとえば私の専門分野である老年医学では高齢者の血圧を下げたほうがいいのか、どのくらいまで下げるべきかという議論や、高齢者の血糖値のコントロールやコレステロール値のコントロールについてのさまざまな議論があります。

疫学的にみると、少なくともコレステロール値は高いほうが長生きしています。ただ、多数の人間を調べての統計なのだから、個人個人ではもちろん違います。高いままにしたほうが長生きできる人が、下げたほうが長生きできる人より多いので、高いままのほうがいいという疫学データになっているのです。

当然、下げたほうが長生きできる人もゼロではないので、本当のところはケースバイケースとしかいえません。正解はひとつではないのです。

身近な例で正解が変わったものとしては、マーガリンがあります。昔は植物の油のほうが動物の脂よりいいので、マーガリンが体にいいと考えられた時期もありました。これだっていつ議論が変わるか分かりません。

ですから、常識、特に医学や栄養学の常識は、覆されることも少なくありません。覆されることも想定しながら、いろいろな説がある中で、今のところ、どれが妥当なのかを考えるほうがよほど現実的と私は考えています。

とはいえ、正解はいくつもあるといわれても、生きている限り、さまざまな決断を下さなければいけません。

私も目の前の患者さんにいくつも考え方があることを説明しながらも、通常は、今のところ、正しいと思うことを提示します。

この**「今のところ」の考え方と、「ほかにも答えがある」という考え方こそが重要です。というのは、それよりいい答えが見つかったり、今、正しいと思っていることが、どうもうまくいかなかったり思えるときに、柔軟に別の答えに移行できるからです。**

ＡＩの時代になり、どんどん信じられてきたことが変わる時代がきています。「正解はひとつ」と頑なに信じ込んでいたら変化に取り残されて困惑するはずです。**これからの時代こそ、「正解はひとつではない」というスタンスでいられるかが、楽しい老後を送るのに役に立つでしょう。**

「スマホ依存」はシニアこそ怖い

みなさんの多くはインターネットで検索して情報を得るのもパソコンではなくスマートフォンがほとんどなはずです。スマホの普及が日本全体のデジタルシフトを加速させたのは間違いないです。情報収集や学びの手段として、インターネットを活用する。メールやSNSを通じて、家族や友人とのコミュニケーションを楽しむ。そんな光景は当たり前になりました。

一方、スマホの普及拡大に伴って、「スマホ依存」も深刻になっています。常にスマホをチェックしてしまう。寝ても起きてもスマホをいじってしまう。特に若い世代への影響が心配されがちですが、実はシニア世代も無縁ではありません。みなさんの中にも「スマホ依存気味だけど老後になれば使わなくなるでしょ」と楽観視している人もいるかもしれませんが、加齢に伴いスマホを使わなくなるわけではありません。

実際、「友人からの連絡を待つ間、ずっとスマホを握りしめている」「食事中もスマホから目が離せない」。そんな同世代の光景を目にすることも珍しくないのではないでしょうか。**シニア世代でスマホ依存になると抜け出すのは簡単ではありません。人との関わりが減りがちなので、ますます依存を強めかねないからです。**50代で「スマホ依存の傾向があるかも」と自覚が少しでもあるようでしたら、生活を見直してみましょう。

スマホ依存の怖さは、知らず知らずのうちに人との「つながり」が失われていくことです。便利な反面、使い方を誤ると脳の機能を低下させ、コミュニケーション能力を奪ってしまう危険性があります。家族との会話が減り、友人との直接的な交流が疎かになる。孤独感を埋めるためにSNSに没頭し、いつの間にか現実世界との接点を失ってしまって、気づけば、バーチャルな世界でしか生きられない自分がいる。

分かりやすいのがLINEです。LINEは安心感を得られやすいツールともいえるのですが、この安心感は危ういものです。少しでも返事が遅れたり、既読スルーされたりすると、たちまち揺らいでしまいます。常に他者とつながっている安心感を求めることが、かえって不安を生み出すのです。

老後を迎えてそうした状況に陥ってしまうと、なかなか抜け出すのが簡単ではありません。そんなことにならないように自制心を働かせることが大切ですが、この自制心が奪われることが依存症の怖いところなのです。

依存症になる前なら対応できるので、**スマホ依存を防ぐには、「なければ困る」から「あれば便利」へ意識を切り替えることが大切です。「歩く」「食べる」「飲む」「話す」「聞く」などの人間の日々の活動にスマホは本来必要ありません。**

ですから、**時には「スマホなしデー」を設けてみましょう。**スマホを持たずに外出し、リアルな体験を取り戻す。意識的にスマホから離れ、家族との団欒を楽しんだり、友人と会って語り合ったりする。そうやってオフラインの時間を大切にすることが、スマホ依存への歯止めになるはずです。

また、スマホの使い方を工夫することも有効です。**使う時間帯を決めたり、アプリの通知をオフにしたり、自分なりのルールを設けて、スマホとの適度な距離感を保ちましょう。**そのように今のうちから心がけておけば、スマホをうまく使いこなしながらシニア世代を迎えられるはずです。

スマホを全否定する必要はありません。スマホなしで生きるというのは現代社会においては自立から遠のく結果を生み出しかねません。適度に利用することが自力で生活をより豊かにすることにつながります。

たとえば、健康管理アプリを活用すれば、日々の体調の変化を記録し、生活習慣の改善に役立てられます。学習アプリを使えば、新しい知識を得て、好奇心を刺激できます。**うまくスマホと付き合うことができれば、人生の質を高めるツールにもなりえるのです。**ただ、それがないとダメということになれば依存症につながるので、過度に気にするのはやめましょう。

今は世代を問わずスマホへの向き合い方が問われています。便利さに惑わされず、自分の生活を見つめ直す。スマホに依存するのではなく、あくまで利用する側の主体性を持つ。特に50代のみなさんはテクノロジーを使いこなせればシニア以降の人生も快適になりますが、バーチャルとリアルのバランスを取っていく姿勢が欠かせません。

利便性に感謝しつつ、決して振り回されることのない自立した生き方。そこに、人生100年時代を謳歌するヒントがあるはずです。

テクノロジーに依存し過ぎない

「えっ、もう50代だし、今さらAIやデジタルは関係ない」と思っていた人も「よく分からないし、なんか怖い」と感じていた人も「ちょっと試してみようかな」と思われたのではないでしょうか。新しいテクノロジーを拒絶するのは得策ではありません。今、テクノロジーを正しく理解して活用し始めれば、シニア世代になった際に恩恵を受けやすいはずです。

最新技術を柔軟に取り入れることで、みなさんの後半生はもっと自由で創造的なものになるはず。無理だと思う前に、「あったらいいな」と思えることで、無理がかなってしまう可能性が高くなる時代と言えます。**常に好奇心を持って、前向きな気持ちで新しい技術に触れてみること。それが「AIとの共存」への第一歩になります。**50代のみなさんでしたら、大いにそれは可能です。

大切なのは、「どこまでAIを使い、どこまで自分流を残しておくかの柔軟性」です。

たとえば、AIスピーカーに話しかければ、寂しさは紛れるかもしれません。今は、こちらを傷つけないような見事な回答をしてくれるので、人間よりよいかもしれません。でも、人間のほうがヘマをやらない代わりに落ち着けるという人も確実にいます。そういう場合に、どのような形でケースバイケースでやっていくかが大切になってきます。

ロボットが家事をしてくれれば、確かに楽にはなります。ですが、自分の手で料理を作り、掃除をする喜びがある人もいます。ならば、その喜びを大切にすることも、自分の人生にとって重要なことになるはずです。

認知機能が衰えても、いきなり判断をＡＩに委ねるのは早計かもしれません。まずは自分で考え、決めようとすること。脳の可塑性を信じて、使い続けるとそんなに機能が落ちないこともあります。**ＡＩに助けを求めながら、自分でできることは自分でやる。そんな柔軟性を持つことが、人間らしく生きているという実感を与えてくれるかもしれません。**

もちろん、すべてをＡＩに任せたほうが楽だと思う人もいるし、それで不満を感じない人も少なくないでしょう。そうならば、趣味の世界とか、自分のやりたいことだけやるという手だってあるのも忘れてはいけません。

テクノロジーの進化は、私たちの人生に無限の可能性をもたらしてくれます。しかし、使うか使わないかの選択権は自分にあることを忘れてはいけません。快適に楽しく生きる上で、「これでいいんだ」と思えることをぜひ選んでください。あとで、その選択を変更してもなんら問題はありません。

これまでのシニアの方々の発想は「機械に頼る」か「機械を拒否して自力で限界まで頑張る」の二択になりがちでした。

一方、現代は人間とテクノロジーが共生する時代です。AIやロボットに生活を豊かにしてもらいながら、なおかつ自分で決めた満足感も保つようにする。そんな理想的な関係を築くために、私たちひとりひとりが知恵を出し合っていかなくてはいけません。

ある意味、今の50代はその先駆者となる存在なのかもしれません。極端な発想に陥らず、バランス感覚を持つ。便利な道具に囲まれながらも、決して道具に使われることなく、道具を使いこなす。みなさんには、そんな自在さと柔軟さを身に付けてもらいたいと私は考えています。

第 6 章

過去の自分にとらわれない

過剰な自尊心や羞恥心を捨て、
困った時は助けを求めよう

「老いを受け入れる」は諦めではない

「自分軸の生き方」を実践するうえで、多くの人が陥りがちなのが「過去の自分」に縛られることです。人は誰しも、若い頃の自分にとらわれがちです。体力や気力、見た目の衰えを受け入れられず、過去の栄光にすがろうとします。特に50代はその傾向が顕著です。体力や食欲の低下などを自覚しつつも、まだ30代、40代の延長線上に自分を置いている人が少なくありません。

実は、私自身もそうだったために、48歳からクロード・ショーシャ先生に弟子入りして、アンチエイジングを学び、これ以上歳を取らないようにと心がけていました。実際、人より歳を取らないほうだと思いますが、60代になると明らかに老いが忍び寄ってきます。できることよりできないことが少しずつ増えます。老いを受け入れざるをえなくなるのです。

50代のみなさんは、そう聞くと、何かを諦めるように感じるかもしれません。体力や気力の衰えを自覚し、できないことが増えていく。確かに、そんな現実を直視することは、たやすいことではありません。

ただ、悲観する必要もありません。**老いとはそういうものだと達観することで新たな扉が開くのです。**テクノロジーの章でも書きましたが、**今の世の中はシニア世代が不自由なく生きるための道具にあふれています。衰えを認め、道具を利用しながらでも社会生活に参加する姿勢があれば、みなさんが想像しているより快適な生活を送れます。**

たとえば、耳が遠くなっているのならば素直に補聴器を使ってみましょう。おそらく、想像していたよりも人との会話を長く楽しむことができるようになるはずです。補聴器を拒否し続ければ、会話から遠ざかり、簡単にボケた状態になってしまいます。

足腰が弱って、歩行に不安があれば、杖や歩行補助器に頼りましょう。それらを拒否していれば、転倒・骨折のリスクも高まります。それこそ寝たきりに直結する可能性は低くありません。歩くのがおっくうになって外にでないと歩行困難だけでなく、脳の機能の低下にもつながります。

高齢者を補助する道具の中で、最も高齢者に拒否感が強いもののひとつにオムツがあります。「オムツをするようになったら終わり」と思う人さえいます。

私の知り合いの有名な音楽家の人は、ある時期から次のブレーク（休憩）まで尿がもたなくなり、オムツをする決意をしました。本人にしてみれば一大決心だったらしいのですが、してみたらこんなに楽なのかと拍子抜けしたそうです。演奏に専念できるようになり、今でももちろん現役の音楽家として活躍しています。

道具だけでなく、素直に人の手を借りて、感謝の気持ちを伝えたほうが、お互いに物事が気持ちよく回ることもあります。たとえば、公共のサービスに頼れば高齢者が楽になるだけでなく、家族の介護負担も減ります。**行政の世話になりたくないと頑なに拒否する人もいますが、過剰な自尊心や羞恥心を捨て利用できるものは使ったほうが、生活の質が上がり、気分もよくなるはずです。**

困難をどう乗り越えるかに知恵を絞り、柔軟に対応していく。それが「自分軸の生き方」の第一歩になります。

そのためには**これまでの自分の生き方にこだわらずに、道具を味方に付けたり、行政に頼ったりしながら、柔軟に前を向いて歩んでいく。老いを受け入れるというのは、衰えを素直に認めて、それに対応して上手に生きることです。**

これまでの自分の考え方や生き方を変えることになるかもしれませんが、変えることにより「老い」を乗り越えられるはずです。

プラス思考に切り替える

50代になると「昔はもっと体が動いた」「若い頃はこんなことできた」と過去と比べて嘆く人が少なくありません。今はそのように感じていなくても遅かれ早かれ誰もみな自身の老いに気づき始めるときがやってきます。確かに、歳を重ねれば身体能力は衰えます。悲観的になるのは自然な感情と言えるでしょう。

人生の折り返し地点を越えれば、少しずつ体の自由が利かなくなる可能性があります。その時に、**「昔はできたけど、今はできない」とマイナス思考に陥らないでください。「今の自分に何ができるか」にフォーカスを当て、今を楽しむ姿勢が大切です。**

私は仕事の関係で100歳まで生きてきた人とお会いすることも珍しくありません。50代の人の中には「100歳まで生きるのは大変そう」と思っている人もいるでしょう。実際、100歳まで生きた人たちも「長く生き過ぎました」と冗談交じりにおっしゃるのですが、みなさんとにかく楽しそうなんですね。

まったく辛そうではない。

「長生きはしてみるものですね」とむしろ肯定的にとらえています。肉体的に辛いことは当然あるでしょうが、マイナスの面ばかり見ずにプラスの面を大切にしているのです。たとえば、ひ孫の結婚式に出られたことをとても嬉しそうに話してくれたり、孫が車で連れていってくれた熱海旅行などをとても嬉しそうに話してくれたりします。

加齢に伴う「マイナス」を嘆くのではなく、今を楽しみ、周囲と支え合う「プラス」の姿勢で日々を過ごしている。そんなロールモデルに出会うたび、「歳を取るのも悪くない」と勇気づけられる思いがします。

みなさんの先輩のシニアの中には、そんなふうに、体力の衰えを感じながらも生き生きと暮らしている人が大勢います。不自由ながらも自分の体の機能を最大限に活かしながら、趣味や社会活動に熱心に取り組む。人生の先輩として、若い世代に経験を伝え、時に学び合う。**「すべてを自分でこなさなくては」と身構えるのではなく、「困ったときは助けを求めていい」と肩の力を抜く。そんな柔軟な発想の転換から、新しい生き方が見えてくるはずです。**

過去の自分を忘れ、今を生きる

「老いを受け入れる」とは、決して諦めることではありません。「今」を精一杯生きる覚悟を持つことなのです。限られた残りの時間をいかに有意義に使うかというマインドリセットを行うことでもあります。

そして、能力や体力の限界を認識しながら、できることは続け、やりたいことをするということです。今を前向きに楽しむ。長年高齢者を診てきた私からすると、それこそが、豊かな高齢期を送るための秘訣といえるでしょう。

私自身も「今」を生きてきました。

40歳の頃はぼんやりと「まだ物書きとしてやっていけているのかな」と思ったことはありますが、「60歳の自分」はまったく想像できませんでしたし、想像もしませんでした。定年のない職ということもあって、40歳から60歳まであっという間に過ぎていきました。

気が付いたら60歳になっていたのです。
ただ、それなりに今を一生懸命生きてきました。これからも特別に歳のことを考えずに生きて、「気がついたら80歳」ということになる気がします。

そもそも、人の寿命は分かりません。50代のみなさんの中には「持病もあるし、そんなに長生きしないし」と考えている人もいれば「食事にも運動にも気を配っているし、90代までアクティブに生きたい」と思っている人もいるでしょう。
ですが、人間の体は思うほど予測可能ではありません。たとえば、高血圧や糖尿病は、脳出血や心筋梗塞の確率を上げますが、そのような病気を抱えていても、脳出血や心筋梗塞にならない人はたくさんいるし、逆にともに正常値なのに、脳出血や心筋梗塞になって亡くなる人もいます。

いずれにせよ、**60歳を超えて、歳を重ねるほど、時間の流れは速く感じられるのは間違いありません。だからこそ、「あの時こうしておけば」と後悔するのではなく、今を大切**

に生きることが何より重要になります。

過去に縛られるのでもなく、将来を悲観するのでもなく、今を充実させる。その意識が長寿時代を生きる、50代のみなさんの心構えと言えるのかもしれません。

常識に縛られない

自分軸で生きる上では「好奇心を持ち続けること」も重要です。50歳を過ぎるとどうしても新しいことに挑戦する意欲が落ちる傾向にあります。これはみなさんが悪いのではなく、脳の前頭葉の機能が衰えるからです。ある意味、自然の現象です。だからこそ、先入観にとらわれず、好奇心を持って自分で試してみる。そんな実験精神を大切にしたいものです。

作家の五木寛之さんは90歳を過ぎても、自己流のトレーニングを楽しみながら続けています。そういう80〜90代が私の周りには少なくありません。歩き方や視力、嚥下などについて、自分なりに工夫を重ねています。

彼らは強制的にやらされているわけではありません。あくまで面白いから、興味があるから取り組んでいるのです。そんな好奇心こそが、若々しさの源泉なのかもしれません。

私は、**健康であろうとして、義務感でいろいろ制約を自分に課す必要はないと考えています。制約を重ねても早く亡くなる人もいれば、まったく節制しなくても長生きする人もいます。高齢者の多くは生きているだけで価値があるのです。**

たとえば、たばこをスパスパ吸っているのに100歳を超えても生きているおじいさんがいれば、多くのたばこがやめられない人に希望を与えるはずです。もちろん、これは個人差の問題であって、確率的にはたばこを吸うのは寿命を縮めるでしょうが、「自分もそうなれる」と思えるだけで、余計な自責感や自己嫌悪から楽になれるはずです。

私たち現代人の多くは、社会の常識や「あるべき」論にとらわれがちです。「高齢者は

こうあるべき」といった固定観念に縛られ、無意識のうちに自分の可能性を狭めてきたのがこれまでの日本社会だったような気がします。

しかし、誰かに期待される「らしさ」を演じ続けるのは、とてもエネルギーを使うことです。**自分の人生の主人公は、他でもない自分自身なのです。**だか**らこそ、「人の目ばかり気にしない」「自分の心に正直に生きる」。そんな勇気を持つことが、シニア世代には何より大切なことではないでしょうか。**そして、今の50代はそれが実現できる環境にあります。

たとえば私はラーメンの食べ歩きが大好きです。健康によくないかもしれませんが（私は多くの食材を一度に食べられるので体にいいと思っていますが）、やめる気はありません。おいしいラーメンに出会えるとすごく幸せな気持ちになるからです。大げさかもしれませんが自分らしさを追求する喜びにつながっています。

私は寝たきりや認知症になっても、周りの人が話を聞きたがるような「面白い人」でいたいとも考えています。そのためにも、好奇心を失わず、自分なりの人生の楽しみ方を見つけたいと日頃から考えています。

残りの人生で、たとえば1000軒のラーメン屋を食べ歩くようなことでいいから、人が聞きたくなる中身を身に付けたいと考えています。

人生の楽しみ方に正解はありません。周囲に流されるのではなく、自分の心に正直に生きることが何より大切です。**「健康も幸せも主観的なもの」だからこそ、自分の価値観を大事にする強さを持ちたいものです。**周りの価値観に振り回されず、自分の人生を肯定的に受け止める。そんな姿勢が、楽しいシニアライフの道を開くのではないでしょうか。

これからの時代を生きるみなさんには、**これまでの常識を捨て、もっと自由に、自分らしく生きていい。そのことを忘れないでほしいと思います。**

人の目を気にせずにオシャレをする

私たち日本人の「常識」は見た目にも及びます。「会社員っぽい格好」「おじいさんっぽい服装」のように属性で見た目まで規定されがちです。ですが、長寿化している今、歳を重ねたからといって、みなさんが多くの人が想像する「おじいさん」「おばあさん」と思われるような身なりをする必要はありません。本書ですでに述べましたが、外見や行動によって人の心は変化し、それを受けて体の状態も変わります。若い格好をしていれば心も若々しくなります。ですから、50代のみなさんは、「年相応の格好」など考えずに、好きな格好をしましょう。

とはいえ、「好きな格好をすればいいといわれても、周囲から変な目で見られるのでは」と心配する人も少なくないでしょう。ただし、多くの人は自分が意識するほど、他人のことを気にしていません。それに、これまでお伝えしてきましたように**長寿化したこと**

で、老後の時間は以前よりぐっと長くなっています。30年も40年も人の目を気にして生きるのは簡単ではありません。50代の今から、世間体を過度に気にせず、心がどう思っているかを大切にしていきましょう。

ポイントは好きな格好をすることです。「自分の年齢には合わないのではないか」などと気にせず、自分の思うがままに着飾って、おしゃれをしましょう。

たとえば、洋服の色にしても、シニア世代になるとモノトーンやベージュなどのくすんだ色の服を選びがちですが、「本当に着たいのか」と自問自答してみましょう。たまにはオレンジや赤、黄色などの華やかな色の服を着てみたら気持ちが明るくなることもあるはずです。

おしゃれに限らず、若さを保つにはとにかく人目を気にしないことです。

老後は長くなりましたが、**人生は有限です。頑張っても100歳でしょう。その前に弱るのでおしゃれをして、おいしいものを食べる機会も旅行に行ける機会も自分が考えているよりは限られています。**

人目や世の中の意見に縛られず、日々の生活を楽しむほうが、悔いは残りません。**その時の楽しさや、その思い出が自分への最大の遺産**だということを心に刻んでおきましょう。

もちろん、人目をまったく気にしないのは問題が生じることもあるでしょう。好き放題ふるまいすぎると若い人に老害と言われるかもしれません。しかしながら**面白い話ができて気遣いができれば若い人たちに好かれますし、好かれるに越したことはありません。**

世間の目を気にして、したいことを我慢したり、試してみたいファッションを試さなかったり、美容に気後れする必要はまったくないのです。

ひとつの実験だと思って好きなものを着ればいいし、好きな色の髪にすればいいのです。

万が一、不評でも、変えてみることはできますし、自分がいいと思えるならそれを貫けばそれは後半生を生きる上であなたの大切な個性になるはずです。

美容で若さを維持する

現代は医学の力を使えば、若さを保つことは可能になっています。しわやシミなどは美容医療を通じてかなりの割合でカバーすることができます。

たとえば、ヒアルロン酸注射をすると、真皮層のコラーゲン組織を保ち、肌の滑らかさややわらかなハリを取り戻すことができます。ボトックス注射は、筋肉を弛緩させて、目じりや口元のしわなどを目立たなくする効果があります。これらの施術はごく一般的なものですが、外見の若返りを通じて心を若返らせて、体全体の老化のスピードを遅らせるよい手段のひとつです。私自身、見た目の若さを維持するために、定期的にボツリヌス注射を打っていました。注射を打つと一気に若々しい印象になります。

同じように薄毛治療ならば病院で処方されるAGA治療薬を飲めば、かなり抜け毛を止める効果が期待できます。自費治療なので高額だと感じるかもしれませんが、毎月数千円で薬を手に入れられます。市販の育毛剤よりは高いかもしれませんが、効果は歴然です。ただし、男性ホルモンの活性を落としてＥＤになることもあるので、本来なら男性ホルモン補充治療と併用すべきですが。

医療にお金はかかりますが、少なくとも医学的に認められている効果があります。どうせ高いお金を払うのであれば、育毛剤やシワ取りクリームのような効果がはっきりしないものを買うのではなく、効果が認められている施術にお金を払うほうが最終的な満足度は高まるように私は思います。

美容医療にハードルの高さを感じる人でも、意識ひとつで心は十分に若返ります。普段は理髪店で髪を切っている人が美容院に行ってカットするだけでも気持ちは変わるでしょう。これも立派なアンチエイジングです。

「いい歳をして恥ずかしい」などと思う必要は一切ありません。**50代の今から若さを保つために美容に関心を払うことで、10年後、20年後の姿は大きく変わるはずです。テクノロ**

ジーの進化でシニア世代に向けた美容医療が充実している今だからこそ、そのような「文明の利器」をむしろ積極的に使ってみましょう。

健康情報に振り回されない

国民的アニメ『サザエさん』のお父さん、磯野波平さんといえば、典型的な日本の高齢者と考えられがちですが何歳かご存じですか。

波平さんは頭頂部には髪の毛が一本だけで、体格もほっそりしています。現代の感覚でいえば、70歳、若くても65歳くらいでしょうが、実はみなさんと同世代の54歳です。確かにアニメの中では娘婿のマスオさんと一緒に通勤しています。現役世代なのです。

波平さんが54歳と聞いて、驚くのは日本人の見た目が若返ったからです。サザエさんの連載が始まったのは1946年（昭和21年）です。当時は波平さんの外見で54歳でも違和感はなかったわけです。ちなみに、2023年時点で54歳の有名人に俳優・歌手の福山雅治さんがいますが、この2人が同級生とはとても思えません。

日本人の見た目が若返ったのは栄養状態がよくなって平均寿命が大きく延びたことが挙げられます。

1955年の平均寿命は男性63・60歳、女性67・75歳でした。それが2023年には男性81・09歳、女性87・14歳まで延びています。50代、60代で若さを保っていなければ、90代までは当然生きられません。昔よりも見た目年齢が若くなるのは当然なのです。

それ以上に、見た目年齢が実年齢よりも老けていれば栄養の摂り方に問題がある可能性が高いと言えるでしょう。

同窓会などへ行ってみても、外見が若々しく見える人もいれば、周囲より10歳、20歳くらい年齢が上に見える人もいます。妙にシワが多かったり、体がしぼんでいるように見えたりする人は、玄米や野菜の味噌汁、蕎麦やうどん、鍋ものといったあっさりした食事ばかりを食べている傾向があります。実際、メディアでは「高齢者は粗食にしたほうが健康によい」と報じられることもあります。

玄米や野菜の味噌汁、蕎麦、うどんなどの食事は、確かに日本の伝統食であり、体によさそうに思えます。健康診断の数値で言えば、コレステロールや血糖値も低くなりますし、消化もよいです。ですから、粗食は健康によいと信じている人も多いと思いますが、このような食事を続けていると見た目年齢を老けさせてしまうのです。

どうしてそんなに老けてしまうのか。見た目年齢が老ける大きな要因となるのは**「たんぱく質不足」**です。たんぱく質は、筋肉や血管などを丈夫にするためには必須の栄養素です。肉を食べないとがんのリスクが上がる可能性もありますし、たんぱく質が不足するとうつになりやすいとの指摘もあります。

そして、たんぱく質の有効性は健康のみならず美容に関しても同様です。**中高年の体で**

たんぱく質が足りなくなると、自身の体に蓄えられた筋肉を分解しエネルギーに変えていくので、どんどん筋肉が減っていってしまいます。

粗食は圧倒的にたんぱく質が不足します。だから、私はとにかく肉を食えとあらゆるところで呼びかけています。50代のみなさんは肉を食べているでしょうか。**若さを保つには粗食に偏りがちな食生活を見直すことが第一歩になります。**

無駄な勉強はやめよう

生涯学習や学び直しが話題です。人生の折り返し地点の50代を迎えて、気持ちも新たに勉強に取り組んでいる人もいるかもしれません。

学ぶ姿勢は素晴らしいと思いますが、果たしてその「勉強」は本当に必要かを考えてみましょう。

日本の受験勉強の弊害でもありますが、学び＝暗記と考えがちです。学びとは決して何かを覚えなければいけないことではありません。

そもそも、**今、中高年以上の人が覚えなければいけないことはほとんどありません。昔は重宝された記憶力が今ではあまり価値がなくなっているからです。**

私の好きな映画評論家に東京大学の総長も務められた蓮實重彥《はすみしげひこ》さんがいます。蓮實さんはものすごい記憶力を持っていて、「この場面ではカメラはローアングルで、照明は左手から当たっていて……」と、すべての場面を記憶していました。映画館で観るしかなかった時代には、これは圧倒的な才能で、誰も太刀打ちできませんでした。

しかし今は、どんなシーンもＤＶＤやＹｏｕＴｕｂｅで確認できるので、「この記述は間違っている」なんていわれかねません。詳しいことが命取りになりかねないのです。

その時々のテクノロジーによって、評価される能力が変わることがよく分かる例と言えるでしょう。

より一般的な知識ですらなおさら覚える必要はありません。歴史の年号や将軍の名前も、ネット検索すればすぐに分かります。**趣味で覚えるのならばまだしも、苦労して一生懸命覚えていても何の意味もありません。ひと昔前のように、物知りだからといって、尊敬されることはなくなりつつあります。**それどころか、何かに書いてあった知識、誰かが言っていた情報をそのままひけらかすだけの人は、冷笑されるだけになるでしょう。

みなさんの周りには、テレビのクイズ番組で正解を連発するタレントさんを指して「頭がいい」と評価する人がいるでしょう。ですが、「頭がいい」というのは身に付けた情報や知識を生活や仕事で必要に応じて使える人です。知識の加工ができる人です。そうしたタレントさんは知識が豊富かもしれませんが決してその知識を使いこなせているかは分かりません（クイズ番組という仕事では使えていますが）。

調べればすぐ分かるＩＴ時代には知識量の多さは頭のよさを保証しません。知識量の多さだけでは優位性は保てなくなります。

知識をまったく持たない無知は、思考の材料を持たないという点で問題ですが、「知識を持っていれば、及第点をクリアしたことになる」と呑気に考えているとしたら、それこそとても残念で愚かなことだと思います。

計算はエクセルが全部やってくれますし、プログラムはチャットGPTが書いてくれます。**プログラミング教育も必要なくなるかもしれません。**

記憶力、計算力、そして語学力も今後価値がなくなるものとしてみられています。

外国人と交流するなら、その国の言葉でしゃべったほうが仲よくなれます。親睦を深める、その国の文化を学ぶのが目的でしたら、語学力を高めるのには大きな価値があるでしょう。ただし、ビジネスやディスカッションの場で語学を使うためでしたら、テクノロジーに頼るほうが限られた時間を間違いなく有効活用できるでしょう。

たとえば、「ポケトーク」のような自動通訳機を誰でも手に入れられるようになっています。オンライン会議はもちろん、対面会議、文字起こしや字幕がついていない動画視聴にも使えます。相手が話しはじめた直後から、リアルタイムに翻訳してくれますし、同時通訳のように、翻訳結果と相手の話の時間差が開きすぎないよう、音声スピードが自動調整されます。みなさんに専用の通訳がいるようなものです。

すでに会話を交わすのに問題がない精度ですがＡＩの性能向上とともに、機械を使えば誰もが日本語で思考したことを英語で相手に簡単に伝えられるようになります。そうなれば、語学力は必要性が薄れた道具にすぎなくなります。英語がしゃべれることに価値はなくなって、話の内容が面白い人の価値が高まるでしょう。

ＡＩの機能が高まっていけば、自分で何かをするよりも、いかにＡＩを上手に使えるかに価値が出てくるのです。ＡＩ時代は、問題発見できるかどうかがより重要になるのです。その意味で成功するのは「あなたの夢、叶えます」を生業にしているドラえもん型ではなく**「あったらいいな〜」と問題発見するのび太型の人**でしょう。「まずはのび太が考えて、あとはドラえもんにお任せ」にならって、「まずは人間が考えて、あとはＡＩにお任せ」くらいの感覚で、発想を楽しめばいいのです。

若者ですらＡＩをいかに使うかが問われている時代なのですから、高齢者が暗記をしたり、何かを無理して覚えたりする必要はまったくありません。

これからの時代は、思考力の欠如した知識依存型の人には生きづらくなることは間違いありません。**ＡＩ時代がさらに進めば、「もの知り自慢の使い方知らず」の価値が暴落するのは、火を見るより明らかだからです。**

自分自身にとらわれない

頭を使うこと、人と話すことは健康寿命に関係します。

「小金井研究」という興味深い調査結果があります。69～71歳の高齢者を15年間追跡した結果、**言葉を理解したり表現したりする力である「言語性知能」は、73歳時より83歳時の**

平均値のほうが高かったのです。

一般的には歳を取るほど知的機能は落ちるとされますが、その時点ごとで知的機能が落ちていない人が死なずに生き延びる傾向が強いので、平均を取ると、**実は歳が上の人のほうが知能は高くなります。年齢を重ねるほど、知的好奇心を失わない人が長生きする傾向にあると言えそうです。**

新しいことを学び、それをアウトプットしていく習慣を付けることで、私たちは自分軸で生きていくことができます。脳科学の世界でも「学び続ける脳」の重要性が叫ばれています。新しいことに挑戦し、知的好奇心を失わないことで、脳の可塑性が保たれ、認知機能の衰えを防げるというのです。

シニア世代はアウトプット型の勉強が脳の仕組みとしても向いています。年齢を重ねると、数字を丸暗記するような「単純記憶」よりも、意味ある事柄の記憶のほうが得意になるからです。アウトプットは、新しい知識について自ら説明することなので、意味のある記憶として身に付きやすいのです。

難しく考える必要はありません。**読んだ知識を加工して人に聞いてもらえる話を考えるとか、新しい金儲けを考えるとか、使ったことのない食材を使って新しい料理を考えるとか、頭を使って、これまでにない形のものを考えればいいのです。**

アウトプットの場としては友人と話したりするだけでも十分ですが、**ＳＮＳなどを使って発信してみるのもいいでしょう。**自分独自のものの見方、考え方を展開したり、知識を思考の材料としてどう活用できるかを実験するのには最適な場です。

若者にはない人生経験を交えながら発信すれば、面白いなと思ってもらえるかもしれません。発信の内容が面白ければ、新たな出会いが生まれ、人生の新しいステージにいけるかもしれません。

自分軸の生き方とは、年齢に流されない強さ、謙虚に人の話を受け入れる姿勢、前向きに生きる意欲を育むことから始まります。内なる強さを磨くことで、人生の主人公としての自覚が高まっていくはずです。

私たちはともすれば過去の栄光にすがりたくなるものです。全盛期の自分を美化し、今の衰えを嘆く。でも、そんな「昔はよかった」思考では、前に進むことはできません。大切なのは、今の自分を愛し、受け入れ、賢くなろうとすることです。

たとえ全力疾走はできなくても、ゆっくりでも前を向いて歩み続ける勇気を持つこと。それが、人生１００年時代を生き抜く底力になるはずです。

第 7 章

「こうあるべき」から解放されるための知恵

自分が主役の人生を手に入れよう。
「老い」こそ、自由に生きる
チャンスなのである

「こうあるべき」を捨てる

みんなと同じでないと不安というのは、日本人特有の心理です。右や左を見てみんなと同じならば安心する。でも本当は、全員が同じ意見を持つことなど、ありえません。

ですから、みなさんは**50代のいまのうちから「こうあるべき」を疑うトレーニングをしましょう**。テレビやインターネットで有識者がニュースについて解説していても本当なのかと自分の頭で考えてみましょう。**「こうあるべき」は時代とともに移り変わるものです**。だからひとつの「べき」に縛られる必要はありません。自由に発想し、自由に生きる。それが豊かな人生につながります。

人生100年時代を生きるうえで、私たちを縛る「とらわれ」の正体は、「べき」の束縛といってもいいすぎではありません。**「シニアはこうあるべき」「老後はこう過ごすべ**

き」。そんな思い込みから自由になれたとき、人生は無限に広がります。

自分軸で生きることで「ズレている」と言われても恐れない、「常識外れ」と思われることにも、臆することなく挑戦する。そうした勇気こそが、100年人生を豊かに彩ってくれるのだと思います。

だからこそ、50代のみなさんはこれから直面する「老い」を「人生の終わり」ではなく、新たな始まりだと捉えてみたらどうでしょうか。今まで気づかなかった自分の可能性に目覚め、新しい自分に出会うかもしれません。そのためにこそ、みなさんを取り巻くさまざまな「依存」から脱却する勇気が必要になります。

「自分軸の生き方」とは、決して「孤独な生き方」ではありません。むしろ逆です。**周囲の支えに感謝しながらも、自分の人生の舵を自分で取る。医療やテクノロジーの助けを借りながらも、主体性は失わない。そうやって、自分軸を持って生きることこそが、「自**

立」の本質だと私は考えます。

これから先の人生は当然ながら歩いたことのない道のりです。先人の知恵を参考にしながらも、結局はひとりひとりが自分なりの答えを見つけていくしかありません。答えのない人生だからこそ、面白いともいえるのです。そして、これまでは老後のモデルが少なかったですが、今の60代、70代、80代は長寿命化していますから、みなさんがモデルに困ることはありません。

「自分はこう生きたい」「こんなふうに歳を重ねていきたい」。そんな思いを胸に、自分なりの答えを探していきましょう。

時にはつまずくこともあるでしょう。思うようにいかないこともあるはずです。でも、その試行錯誤こそが、かけがえのない財産になります。ここまでの道のりを振り返れば、失敗も成功も、すべては自分を作ってきた。そう思えたら、この先の人生も何も怖くはないはずです。

内なる声に従おう

人生100年時代を生きるということは、先人の知恵に学びながらも、私たちひとりひとりが、自分なりの答えを見つけていかなければなりません。

難しく考える必要はありません。なぜなら、私たちの中には、生きるための無限の可能性が眠っているからです。**体力や気力に衰えを感じても、好奇心と探究心さえ持ち続けていれば、人生の醍醐味は尽きることがない。**私はそう信じて疑いません。

歳を重ねても趣味に没頭する高齢者やバリバリ働いている高齢者は格好よいものです。そうした先輩たちが示してくれているように、**「自分軸」で生きていくための鍵は、自分**

の内側にあります。若い頃の自分に縛られるのではなく、今を生きる自分を愛する。周りの目を気にするのではなく、自分の心に正直に生きる。そのためには、旺盛な好奇心と、謙虚に人の話を聞く姿勢が何より大切になります。ひとつのことに固執せず、柔軟に考えを変えていく勇気を持ち、「分からない」と言える素直さを、いつまでも忘れないようにしましょう。

高齢期というのは、実は人生の集大成の時期です。今までの経験や知識を活かしながら、なおかつ新しいことにチャレンジできます。素晴らしい時期なのです。

もちろん、無理をする必要はありません。あくまで自分のペースで、楽しみながら新しいことを吸収していけばいいでしょう。いくつになっても、人は成長できるということを忘れなければ、きっとまいにちが充実したものになるはずです。

時には立ち止まって、静かに自分と向き合う時間も必要でしょう。今、自分が本当にしたいことは何か。心の声に耳を澄まし、自問自答し、体の声に、ゆっくりと向き合ってみましょう。

そうやって自分と対話を重ねるたび、きっと新しい気づきが生まれるはずです。人生の岐路に立ったとき、迷わず選択できる「内なる指針」が育まれていくでしょう。それこそが、どんな時代の荒波をも乗り越える力の源泉になるのだと、私は信じています。

100年という人生の長さに、とまどいを感じる人も多いかもしれません。でも大丈夫です。私たちには、ひとつひとつ課題を乗り越えていく力があります。支えてくれる人や便利な道具もあります。何より、無限の可能性を秘めた「自分」がいるのです。

だからどうか、「老い」を恐れないでください。「老い」こそ、「自由」に生きるチャンスなのだと、心に刻んでください。50代の今、シニアライフをどう考えるかで人生は変わります。

「100年人生」という未知なる旅路を、自分らしく生き抜いていく。今を大切に、一日一日を丁寧に紡いでいく。そうすることでしか、本当の意味での「豊かさ」は手に入らないのかもしれません。

「こうあるべき」から卒業して「自由」に

これまで見てきたように、私たちの人生には、さまざまな「こうあるべき」の罠が潜んでいます。周囲の評価への依存、お金への依存、人間関係への依存、医療への依存、テクノロジーへの依存。知らず知らずのうちに、そうした「とらわれ」に縛られ、自由を失っていきがちです。

本当の意味での「自由」とは、そうした「とらわれ」から解放されることにあります。

自分自身と向き合い、内なる声に素直に従うこと、周りの価値観に流されず、自分の人生は自分で決めるという勇気を持つこと。そこにこそ、「自由」の本質があります。

「とらわれ」の呪縛から逃れるのは、たやすいことではありません。長年染みついた生き方を変えるには、相当の覚悟が必要です。でも、その一歩を踏み出せたとき、新しい世界が開けます。**「こうあるべき」からの卒業は、自分軸への第一歩になります。**

人はひとりでは生きられません。社会の中で、さまざまな関係性を築きながら生きるのが人間です。でも、だからこそ肝に銘じておきたいのは、「主役は自分」という意識です。

どんな人との関わりの中でも、どんな状況に置かれても、最後に選択を下すのは自分自身です。人生の責任を、他の誰かに委ねることはできません。

「自分軸の生き方」とは、そんな人生の主体性を取り戻す旅とも言えます。そのプロセスは、決して楽ではないかもしれません。でも、その先には自分だけの人生を、自分の足で歩んでいけるという充実感が待っています。

みなさんは今、人生の岐路に立っています。「こうあるべき」からの脱却を目指すのか、それとも「こうあるべき」にとらわれ続けるのか。その選択が、残りの人生を大きく分けることになるでしょう。

決断が早いに越したことはありません。

100年人生を自分色に染めよう

私たちは今、誰もが経験したことのない「人生100年時代」を生きています。

ひと昔前なら「定年退職」が人生のひとつの区切りでした。でも今は、働き続けるにせよ、趣味に生きるにせよ、他の道を進むにせよ、60歳で第二の人生が始まると言っても過言ではありません。

考えてみてください。60歳から先には、あと40年近くもの月日が待っています。この「ボーナスステージ」をどう生きるのか。それを自分だけの色に染め上げられるかどうかが、とても大切になります。そしてそのためには50代でこれからの人生をどう生きるかの準備が必要になります。

「人生100年時代を生きる」ことは、ある意味で「価値観の転換」を迫られます。今までの「常識」が通用しなくなる時代に自分だけの新しい生き方を模索しなくてはいけません。

たとえば、「教育は若い時期に受けるもの」という考え方がこれまでは一般的でした。実際、多くの人は必死に勉強するのは大学受験までだったはずです。しかし、**人生100年時代では「生涯学び続ける」ことが常識になるでしょう。**ただ、この学びというのが、インプット型の旧来型の学びでなく、いろいろと実験してみる、アウトプットしてみるという主体的な学びであることは忘れてはなりません。

「家族とは一緒に暮らすもの」といった価値観も、変わっていくでしょう。子どもとの同居にこだわらず、自立した生活を送るシニアがすでに増えています。そして、これからAIを積んだロボットが何でもやってくれる時代が近づいてきています。血縁よりも仲間との絆を大切にする。そんな新しい生き方も、選択肢のひとつになるはずです。

「定年後は悠々自適」といったイメージも、もはや過去の話になっています。現役時代の経験を活かして、社会で活躍するシニアが増えています。NPOなどで、ボランティア活動に情熱を注ぐ。起業にチャレンジして、新しいビジネスを興す。そんなアクティブな生き方も、当たり前になるはずです。

50代のみなさんがシニア世代になるころには「自分らしく生きる」ことの価値が、ますます高まっていくはずです。「こうあるべき」という枠組みから自由になり、自分だけの人生を切り拓いていく。型にはまらないユニークな生き方を楽しむ。そんな多様性に富んだ社会が待っているはずです。そのチャンスをしっかりつかんでください。

肝に銘じておきたいのは、自分軸はどこにあるかです。周りに流されるのではなく、自分の心に正直に生きているか。人生の選択を自分で決め、その結果に責任を持つ。そんな「覚悟」があってこそ、人生を自分色に染め上げられます。

ぜひ50代のうちに「人生の設計図」を描いてみましょう。「これからの人生を、どんな色で染めたいのか」。そんな問いを自分に投げかけてみましょう。

「やりたいことリスト」を作ったり、目標を言語化したり。自分なりのビジョンを描くことが、後半生で前に進むための原動力になるはずです。

もちろん、思い通りにいかないこともあるでしょう。ですが、「理想」を描き続けましょう。時には立ち止まり、軌道修正しながら、それでも自分だけの道を歩む。そこにこそ、「自分らしさ」を追求する面白さがあるかもしれません。

50歳からの人生を新しい可能性ととらえ直し、人生の前半で築いた「こうあるべき」からの自由を勝ち取る。そして、自分だけの色で人生を染め上げましょう。

50代の今から考えていれば思っている以上のことができるはずです。それを存分に楽しみながら、「人生100年時代」という未知なる旅路を、自分流に生き抜く。今この瞬間から、その冒険が始まっています。自分の可能性を信じて、あなただけの人生を、存分に楽しんでください。

おわりに

最後まで本書を読み進めていただきありがとうございます。

自分はすでに実践していると思われる方も少なくないでしょうし、逆にとても自分には無理だと思われた方もいるかもしれません。

私は医者という職業を本職にしていますが、ほかの医者のように自分の信念を押し付けたり、強制したりする気はありません。

たとえば、血圧が高ければ、塩分を控えろ、酒をやめろ、薬を飲めと強制する医者がいますが、多少、それが長生きできる確率を上げるとしても（日本人対象のそのような統計データはないのですが）、薄味のものが苦手だとか、酒が大好きとか、薬の副作用が怖いとかいう場合は、医者の言うことを聞くかどうかは、自分の意思にしたがっていいというのが、本来は常識です。

どんなものにも個人差があるし、薬を飲むにしても、メリットはあるかもしれませんが、逆に副作用もある確率で生じるからです。

自分に合わないことを無理に続ける必要はありません。

というわけで、本書に書かれていることも、経験的に、このほうが得だとか、その可能性が高いと思うことを並べただけで、自分に合うと思えば、試してみればいいし、合わないと考えるなら無理にやる必要はないのです。

ただ、ひとつ申し上げるとすれば、「試す」というスタンスも大切だということです。

ちょっと自分には無理とか、やりたくないなとか思うことでも、試してみると意外に楽になったということはそんなに珍しいことではないでしょう。

私は律儀に毎年６００枚も年賀状を出していたのですが、歳をとったせいか急に面倒くさくなって、今年でやめることにしました。

それを伝える年賀状を出し終わると、ふっと気楽になりました。

それで人間関係が変わることもなさそうです。

試してみないと結果は分からないのです。

そういう意味では、本書に書かれていることは、高齢者の正しい生き方ではなく、自分が楽な高齢期を迎えるために試してみる材料ということもできそうです。

書かれていることでやれそうなことをひとつひとつ試してみて、結果がよければ続ければいいし、思ったようにうまくいかなかったというのなら、やめればいいのです。


高齢者はひとくくりにされがちですが、個人差は大きいものです。

だから全員にあてはまる教科書のようなものは作れません。

私がうまく生きている人を見て感じたことをいくつか並べてみて、試す材料と考えてほしいのです。

それによって2つか3つ習慣が変わって、生きるのが楽になれば、著者として幸甚この上ありません。

末筆になりますが、本書において編集の労をとってくださった日東書院本社の望月久美子さんとライター栗下直也さんにはこの場を借りて深謝いたします。

和田秀樹

STAFF
装丁・本文デザイン　阿部早紀子
執筆協力　栗下直也
校正　鷗来堂
企画編集　望月久美子（日東書院本社）

人生は、しぶとく生きるが勝ち!
50歳からのチャンスを広げる「自分軸」

2025年2月20日　初版第1刷発行

著者　和田秀樹
発行者　廣瀬和二
発行所　株式会社日東書院本社
〒113-0033
東京都文京区本郷1丁目33番13号 春日町ビル5F
TEL：03-5931-5930（代表）
FAX：03-6386-3087（販売部）
URL：http://www.TG-NET.co.jp
印刷　三共グラフィック株式会社
製本　株式会社セイコーバインダリー

ISBN978-4-528-02428-1 C0095